Kultbuch

RUHRGEBIET

Patrick Bierther

Kultbuch RUHRGEBIET

Alles, was wir lieben: von Aldi bis Zollverein

KOMET

www.komet-verlag.de
Text: Patrick Bierther
Gesamtherstellung: KOMET Verlag GmbH, Köln
ISBN 978-3-89836-900-8

Inhalt

Vorwort

Das alte Ruhrgebiet zu beschreiben war einfach: Fördertürme und rauchende Hochöfen unter rußigem Himmel. Mittlerweile ist die Industrie mehr Kulisse als Regisseur. Das heutige Ruhrgebiet sucht nach einer neuen Identität jenseits der alten Klischees, und das ist hier so beschwerlich wie anderswo: Was ist schon dran an München, wenn man die Lederhosen auszieht? Wer würde je nach Pisa reisen, gäbe es dort nicht einen lädierten, funktionslos gewordenen Altbau?

Das Revier ist seit mehr als 150 Jahren ein Experimentierfeld, das Entwicklungen vorwegnimmt wie Industrialisierung, Deindustrialisierung, Bevölkerungsexplosion, schrumpfende Städte und Globalisierung. Dieser beständige Wandel macht die Ruhrgebietsidentität aus – und die Lebensklugheit der Menschen. Die halten die Widersprüche der Region nicht nur aus, sie genießen sie. Das Picknick auf der Halde mit Kanalblick ist unverändert real existierendes Ruhrgebiet.

Ob Kommunal- oder Regionalverband, ob Ruhrstadt oder Metropolregion, politisch gleicht das Revier dem Internet: polyzentrisch, vernetzt, unbeherrschbar. Sozial ist es eine seit sechs Generationen funktionierende Gemeinschaft, offen für jeden, gleich welcher Herkunft, Heimat für 5,2 Millionen Menschen. Wie sie leben, wie sie reden, galt vor 50 Jahren noch als Schande. Dann wurde es als Kuriosum entdeckt. Heute ist es Kult. Sprachwitz und Ironie des Reviers füllen bundesweit die größten Hallen, Künstler von Weltruf kommen hierher und -hin, der Titel der Kulturhauptstadt Europa ist nicht vom Himmel gefallen. Die Ruhrgebietler machen darum nicht so viel Gewese. Kult im Sinne von übersteigerter Verehrung liegt ihnen nicht. Jedenfalls solange sie nicht gerade an der Trinkhalle stehen und über Fußball reden.

In diesem Buch nehmen wir Sie mit dorthin. Viel Spaß dabei!

Adolf-Grimme-Preis

Na, das fängt ja gut an: Ein Kultbuch übers Ruhrgebiet, und der erste Eintrag beschäftigt sich mit einem Preis. Was ist denn daran Kult?

Der Adolf-Grimme-Preis ist Deutschlands wichtigster Fernsehpreis. Wie der Name schon verschweigt, wurde er nicht von dem Fernsehpionier Adolf Grimme gegründet, der mit Marl nichts zu tun hatte, sondern von Bert Donnepp (1914–1995). Donnepp hatte nicht das Fernsehen begründet, sondern eine Volkshochschule, in der er den kritischen Umgang mit Medien lehrte – und zwar in Marl, einem Ort, der bis heute als Medienstandort nicht gerade Furore macht.

Was Marl aber bereits damals vorzuweisen hatte, waren kluge Marler. Denen konnte man schon 1963, als gerade das Zweite Deutsche Fernsehen anlief, keinen Tele-Trash andrehen. Damals lief »Zum blauen Bock« statt »Deutschland sucht den Dschungelbrother«, machte aber auch doof. Donnepp überredete den VHS-Verband zur Stiftung des Adolf-Grimme-Preises für qualitativ vorbildliche Sendungen. 1964 wurde er erstmals verliehen.

Die Jurys hatten von Anfang an den Mut, Kritisches zu empfehlen, wie etwa Dokumentationen über die Studentenunruhen oder die SS. Sie zeigten, dass Qualität und Popularität kein Widerspruch sein müssen, und zeichneten unter anderem »Klimbim« und eine → Schimanski-Folge aus. Auch traf die Ehre nicht immer die öffentlich-rechtlichen Anstalten mit ihrem Bildungsauftrag.

Bis heute sitzen in der Jury neben Medienfachleuten Volkshochschüler. Zwar fahren Stars wie Anke Engelke und Iris Berben zur Preisverleihung im Marler Stadttheater vor, betreut werden sie aber nicht von Profi-Hostessen, sondern von VHS-Mitarbeiterinnen. Und Geld gibt's auch keins, nur die Ehre. Die ist nicht zuletzt deshalb so groß, weil sich inzwischen fast alle Fernsehschaffenden bewerben. Über 650 Beiträge und Vorschläge gingen im Jahre 2008 ein. Aus diesen mussten zwölf Preisträger ausgewählt werden – eine Sisyphosarbeit, die die Juroren in dreiwöchiger Klausur leisteten. Drei Wochen lang Fernsehkonserven sichten! Für diese Selbstkasteiung verdient die Jury eigentlich einen Sonderpreis.

Schauspielerin und Grimme-Preisträgerin Anna Fischer im März 2009

Aldi

Quer durch Deutschland verläuft eine unsichtbare Grenze. Sie teilt das Land in zwei Teile, die beide vom Revier aus gesteuert werden: In Essen befindet sich die Zentrale von Aldi Nord; Aldi Süd regiert von Mülheim aus. Im Norden sind die Tüten blau-weiß, im Süden blau-orange. Im Norden gab es schon immer Fluppen, dafür aber kein loses Obst, im Süden war es genau umgekehrt. Erst 2004 glichen die Albrecht-Brüder die Lebensverhältnisse in Nord und Süd einander an.

Ostzonal muten bis heute Produktnamen wie »Kokett«, »Lachende Köchin« oder »Bims Vollglanz« an.

Die Essener Bergmannssöhne Karl (Süd) und Theo (Nord) Albrecht erbten 1946 Mutters Lebensmittelladen und machten daraus eine Kette, die heute allein bundesweit 4200 Filialen umfasst. Aldi ist zurzeit der größte Weinhändler Deutschlands, im Textilhandel dank »Herren-Frischehemden« nicht unbedeutend und auch beim PC-Absatz eine feste Größe.

Aldis Erfolg inspirierte andere Discounter. Sie übernahmen das Geschäftsmodell und zuweilen auch die Idee, das Ruhrgebiet zum Standort der Firmenzentrale zu machen, so z. B. die Plus-Kette mit Sitz in Mülheim, KiK in Bönen und seit 2003 TEDi in Dortmund. Sie alle arbeiten nach dem von den Albrecht-Brüdern entwickelten Prinzip: kleine Flächen, schmales Sortiment, keine Deko und niedrige Preise. Bei Aldi wird auch an der Werbung gespart, jahrzehntelang blieb sie unverändert (»Bitte bevorraten Sie sich«). Ostzonal muten bis heute Produktnamen wie »Kokett«, »Lachende Köchin« oder »Bims Vollglanz« an. Dazu kommen eiserne Vorgaben wie die, dass eine Kassiererin 30 Artikel pro Minute scannen muss. Aber Aldi bot ordentliche Ware zu gnadenlos günstigen Preisen lange schon, bevor Geiz als geil galt.

Theo Albrecht ist ein sparsamer Mann. Zehn Jahre nach der Postleitzahlenumstellung brauchte er Briefumschläge auf, die noch die vierstellige Zahl trugen. Mitarbeiter hielt er dazu an, Papier immer beidseitig zu beschreiben. Als er 1971 gekidnappt wurde, ließen sich die Entführer seinen Ausweis zeigen – sie konnten

nicht glauben, dass der Mann in dem abgetragenen Anzug Konzernchef war.
Wie sein Bruder Karl soll Theo noch heute in Essen wohnen. Die beiden reichsten Deutschen gehen auf die 90 zu. Aus dem Geschäft haben sie sich vor einigen Jahren zurückgezogen und nun Zeit, ihre Milliarden zu zählen. Damit haben sie sich bevorratet.

Aldi Nord und Aldi Süd – beide Discounterketten werden vom Ruhrpott aus kontrolliert.

B1

Wahrscheinlich sind sie hier vor 5000 Jahren zu Fuß oder per Ochsenkarren schneller vorangekommen: Die Hauptverkehrsader des Reviers ist schon alt und lässt Haut und Nerven rasch altern. Denn der Name Ruhrschnellweg klingt wie Hohn. Längst hat der Volksmund die B1 in Ruhrschleichweg umgetauft.

Der Name Ruhrschnellweg klingt wie Hohn, längst hat der Volksmund die B1 in Ruhrschleichweg umgetauft.

Die Strecke folgt in großen Teilen dem Verlauf des uralten Hellwegs. Aus der mittelalterlichen Heeres- und Handelsstraße wurde die Reichsstraße 1, die wiederum politischen Änderungen folgend in Bundesstraße 1 umgetauft wurde. Der Revier-Teil davon hieß bald A 430, heute A 40.

Gerüchte, die Umbenennungen seien Ergebnis intensiver Lobbyarbeit der Schilderhersteller, verstummten nie, denn in den 1990er-Jahren wurden auch noch die Auffahrten umbenannt. Interessanterweise liegt die A 40 zwischen A 42 und A 44. Insbesondere auswärtige Autofahrer ohne Navigationssystem wissen das zu schätzen, kommen sie doch dank der systemwidrigen Nummerierung in den Genuss unvergesslicher Desorientierungsfahrten durchs malerische Revier, bei denen sie einiges kennenlernen, was sonst womöglich unentdeckt geblieben wäre. Zum Beispiel Tunnel, die so schwarz sind, dass sie als Abbild mancher Untertage-Strecke durchgehen könnten.

Die berühmt-berüchtigte Straße ist fürs Revier so identitätsstiftend, dass sich gleich mehrere Bands danach benannten: »B1« (mit → Herbert-Knebel-Darsteller Uwe Lyko am Mikro) und »Ruhrschnellweg«. Eine WDR-Reportagereihe heißt »A 40«. Klar, dass die Kulturhauptstadt 2010 auch und gerade hier Zeichen setzen musste: Das 60 Kilometer lange »Still-Leben«-Picknick an 30.000 Tischen auf der A 40 gilt als die öffentlichkeitswirksamste Idee der → Kulturhauptstädter.

Einen Mythos allerdings hat das Revier verloren: Trotz gefühlter Spitzenwerte ist die B 1/A 40 nicht die Straße mit dem bundesweit stärksten Verkehrsaufkommen. Täglich 140.000 Fahrzeuge reichen nur für Platz 8, ganz vorn liegt die Berliner A 100. Was die Berliner aber nicht haben und was man am eigenen Leibe erduldet haben muss, um es zu glauben, sind die Haltestellen des ÖPNV, die sich auf dem Autobahnmittelstreifen befinden. In Essen und Mülheim stehen Tag für Tag Pendler umtost von vier Autobahnspuren und warten auf Spurbus oder U-Bahn.

Der Wahnsinn hat einen Namen: B 1. Autofahrer stehen im Stau, Bus- und Bahnpendler im Zentrum des Chaos.

Baldeneysee

Wenn sich der Revierbürger einer Sache rühmen kann, dann dieser: Was er hat, das hat er sich samt und sonders hart erarbeitet. Dies gilt sogar für die Seenvielfalt im Ruhrgebiet. Bekam der verwöhnte Rest der Republik das kühle Nass in pittoresker Lage schnöde von der Natur geschenkt, hieß es im damaligen Kohlenpott meist selbst Hand anlegen, wollte man die Badehose in eigenen Gewässern befeuchten. Immerhin gab es bereits den Fluss, dem die Region ihren Namen verdankt. Die Ruhr, so kam man in den 1920er-Jahren auf den Trichter, könne man doch trefflich stauen. Zugegeben, an banale Badefreuden hatte man zunächst weniger gedacht – die Wasserversorgung von Mensch und Maschine war das ehrgeizige Ziel. Aber als die Wogen dann einmal so einladend ans Ufer schlugen ... – was indes nicht von heute auf morgen der Fall war. Am Baldeneysee, dem größten der sechs Ruhrstauseen, buddelten bis zu 2000 Arbeiter ganze zwei Jahre. Möglich wurde der Bau zudem erst, als Gustav Krupp von Bohlen und Halbach einen Teil seines Grundstücks abtrat. Bedingung des Stahlbarons mit Sinn fürs Schöne: freie Sicht auf den See von seiner Villa Hügel aus.

»Pack die Badehose ein!« hieß es dann offiziell im Jahr 1937: Vier Jahre nach der Flutung des Sees öffnete am Nordufer das Freibad Baldeney. Die bewegte Geschichte des Bades (nach dem Krieg richteten die britischen Besatzer einen englischen und einen deutschen Teil ein) endete 1984: Da die Sanierung zu teuer war, verwandelten die Betreiber die marode Einrichtung in ein »Licht- und Luftbad«. Zu diesen vergleichsweise unspektakulären Elementen gesellt sich inzwischen eine ungleich zugkräftigere und publikumswirksamere Attraktion: Alkohol! Und so verwandelt sich das einstige Freibad sommers in einen hippen Partystrand mit Palmendeko und Cocktailtheke.

Bleibt die Badehose am Baldeneysee seither auch trocken, geizt der Rest des Ruhrgebiets indes mit Bademöglichkeiten nicht. Schließlich stellte man von der Duisburger Sechs-Seen-Platte bis zu den Halterner Silberseen freudig fest: Nicht nur Stauseen laden zum Bade – auch gigantische Baggerlöcher locken, wassergefüllt, mit freundlichen Gestaden.

Welch Idylle! Fischreiher und Ruderer teilen sich den Baldenaysee als Lebens- und Erholungsraum.

Bermuda-Dreieck

Wo Betonbrunnen auf Bierverkauf trifft, sind Punks. Das ist ein eisernes Gesetz, und das war auch 1979 in Bochum nicht anders. Beton bot der Engelbertbrunnen, Bier gab es im Drogeriemarkt. Die Kombination zog auch anderes Publikum an. Eine erste Kneipe eröffnete, das »Mandragora«, in Anbetracht der ausgedehnten Küchenöffnungszeiten folgerichtig nach einem Nachtschattengewächs benannt. Damals verkehrte man nur unter seinesgleichen, und so gab es bald weitere Treffpunkte etwa für Popper oder Tuning-Fans. Es bildete sich allmählich eine Kneipenmeile heraus zwischen Konrad-Adenauer-Platz, Viktoria- und Kortumstraße. Und weil in dem grob dreieckigen Gelände immer wieder Kneipengänger und insbesondere Studierende verschollen gehen, erhielt es den Namen Bermuda-Dreieck.

Bratwurst: eine gute Grundlage für die langen Nächte im Bermuda-Dreieck.

Mittlerweile bieten rund 70 Lokale Platz für 7000 Gäste; auf 3000 Plätzen sitzt man unter freiem Himmel. Teile des Dreiecks sind autofrei. Von hier aus kann man zu Fuß zu Bochums Einkaufsmeile bummeln oder zum Hauptbahnhof, zum Schauspielhaus schlendern oder in Bochums kleines »rosa Viertel« mit seinen Schwulen- und Lesbenbars.

Einige Bermuda-Anrainer haben es zu überregionaler Bekanntheit gebracht. Das Tucholski: Café und Hotel in einem, das dank seines anspruchsvollen Designs und ausgedehnter Frühstückszeiten eine hohe Anziehungskraft auf Schauspieler ausübt. Das Konkret: Treffpunkt intellektueller Zeitungsleser. Das Riff: Disco mit der seit mehr als 500 Wochen laufenden Open-End-Show »New York Nights«. Nicht zu vergessen das legendäre Bratwursthäuschen, wo es zwar auch Bratwurst gibt, vor allem aber mit die beste → Currywurst im Revier.

Wenn etwas gut ist und sich das herumspricht, zieht es nicht mehr nur Insider an, sondern tags strömen Touristen ins Viertel. In ihrem Gefolge wurde mittlerweile Ketten-Gastronomie gesichtet. Essen-Rüttenscheid und der Duisburger Innenhafen haben zunehmend

Party- und Ausgehmeile Bermuda-Dreieck

auch die Massen. Das ist so auf Mallorca, und das ist nicht anders im Bermuda-Dreieck. Allein zum Stadtfest »Bochum Total« tummeln sich dort eine Viertelmillion Besucher, auch all- Fahrt aufgenommen im Rennen um die Gunst der Nachtschwärmer. Doch noch fährt das Flaggschiff des Revier-Nachtlebens unter vollen Segeln.

Bier

Wenn der Engländer sagt: »Dies ist nicht meine Tasse Tee«, so ist er von einer Sache nicht angetan oder will nichts von ihr wissen. Die gebräuchliche deutsche Wendung lautet folgerichtig: »Das ist nicht mein Bier«. Der Umkehrschluss: Sag mir, welches Bier du trinkst, und ich weiß, woher du kommst! Als ob es quasi ein ideologisches Reinheitsgebot gäbe.

Auch in den Städten rund um die Ruhr braut man sein eigenes Süppchen. Von den 1950er- bis 1970er-Jahren war Dortmund die führende Bierstadt Europas mit insgesamt 94 Braustätten, von denen heute allein die Großbrauerei »DAB« übrig geblieben ist. Mild gehopftes Helles machte Dortmund zum »Export«-Weltmeister und der 2004 ins Leben gerufene Verein »Bier-Dortmund« ließ die Welt in seiner heiligen Vereinszeitschrift »Bierbel« alles über den Gerstensaft wissen.

Und selbst der Ballsportverein Borussia Dortmund heißt nach der gleichnamigen Brauerei früherer Tage.

Selbstredend, dass es hier auch ein Brauereimuseum gibt, reicht die Biertradition doch bis in das 13. Jahrhundert zurück. Dort mundete das Bier schon immer: Nicht umsonst ist das Wahrzeichen der Stadt das überdimensionale »U« auf dem Turm der ehemaligen Union-Brauerei.

»Fiege« in Bochum, »Stauder« in Essen, »König« in Duisburg, die Privatbrauerei aus Schwelm mit selbigem Namen sowie weitere Brauhäuser samt Gastronomie und handgebrauten Bierspezialitäten gewährleisten die Versorgung mit goldenem Flüssigbrot ruhrgebietsweit. Denn es gibt kaum einen Anlass, zu dem das Hefegebräu traditionell nicht angemessen wäre. Sei es nach getaner Arbeit, zu feierlichen Anlässen oder auch im Fußballstadion, um dort entweder Freud oder Leid zu begießen.

Kenner wissen gleich einem Wein-Sommelier, welches Bier zu welcher Speise passt. Gibt es nichts zu essen, so gilt Bier augenzwinkernd als vollwertiges Nahrungsmittel – und ein Pils passt eigentlich immer. Wer seine Herkunft mittels der Flüssigkeitsaufnahme unmissverständlich bezeugen will, der trinkt die Marke »Grubengold«, welche man in der Duisburger Kneipe »Schacht 4/8« oder dem Brauhaus Hibernia in Gelsenkirchen findet – Lokalkolorit inklusive.

Weithin sichtbares Wahrzeichen Dortmunds: das U der ehemaligen Union-Brauerei

Borussia Dortmund

Es ist wie bei Feuer und Wasser. Das eine schließt das andere aus, und doch wird beides häufig in einem Atemzug genannt: Dortmund und → Schalke. Die alten Rivalen des Reviers, in Hass und Häme geografisch vereint. Ein Beispiel gefällig: Vor ein paar Jahren bedruckten Schalke-Fans T-Shirts mit Sprüchen wie: »In Gelsenkirchen werden Kinder eingeschult, die haben noch nie 'ne Niederlage gegen Dortmund erlebt.« Und doch lachten am Ende die Dortmunder. Auch ohne Sieg gegen Schalke wurde der BVB 2002 Deutscher Meister, wie schon 1995 und 1996. Schalke wurde zuletzt 1958 Meister. Bald können also die BVB-Fans witzeln: »In Gelsenkirchen sind Menschen in Rente gegangen, die haben nie 'ne Meisterschaft für Schalke erlebt.«

Aus Dortmunder Sicht trug die Rivalität mit Schalke bisweilen nur noch folkloristische Züge, Mitte der 1990er-Jahre saß der wahre Feind in München. Um dauerhaft mit den Bayern mithalten zu können, übernahm sich der Verein allerdings kräftig. Zig Millionen wurden für Spieler aus aller Welt verschleudert (statt auch auf den eigenen guten Nachwuchs zu setzen). Prompt blieb der Erfolg aus und die Schulden wuchsen.

Ein Blick in die Vereinsgeschichte hätte helfen können: 1956 und 1957 wurde Borussia mit derselben Mannschaft Deutscher Meister. Viele Spieler stammten aus Dortmund, bisweilen aus Familien, die unter Tage schufteten oder am Stahlofen schwitzten. Darauf basiert der Mythos BVB. Und auf dem Borsigplatz: Am 19.12.1909 gründeten 18 junge Männer aus der Gemeinde Heilige Dreifaltigkeit im Lokal »Wildschütz« am Borsigplatz den BVB – gegen den Willen ihres Kaplans, der lieber turnen wollte.

Zum Mythos gehört auch die Kampfbahn Rote Erde. Das alte Stadion der Borussen fasste über

40.000 Zuschauer und erlebte 1963 noch eine dritte Meisterschaft.

Auch das 1974 eröffnete Westfalenstadion (seit 2005 »Signal Iduna Park«) ist eine Kultstätte. Organisch gewachsen, ist es heute das größte Stadion im Lande und bietet 80.000 Fans Platz. Die meisten würden auf ihren Stadionbesuch sogar dann nicht verzichten, wenn sie vorher wüssten, dass es wieder nur ein 1:1 gegen Cottbus geben wird.

Die gelb-schwarze Wand der Dortmunder Fankurve

Burgen- statt Bergbau

Burg Blankenstein in Hattingen-Blankenstein

Generationen von Kegelbrüdern und -schwestern können nicht irren: Wer den Anblick trutziger Burgen liebt, der muss einmal an den Mittelrhein. Mag sein. Doch wie wäre es zur Abwechslung mit einem Ausflug zur Ruhr? Sie runzeln fragend die Stirn? Man kann es Ihnen kaum verübeln – wer ans Revier denkt, kann sich der Bilder von Fördertürmen und Hochöfen einfach nicht erwehren. Und sah man → Schimanski je durch einen Burghof schleichen, einen kühnen Bergfried erklimmen? Fehlanzeige. Die Möglichkeiten dazu hätte er gleichwohl gehabt – und das in Hülle und Fülle.

Der tapfere Heinrich gab den sich unbefugt in Duisburg aufhaltenden Nordlichtern Saures.

Denn auch wenn es schwerfällt zu glauben: Die ersten »Ruhris« waren mitnichten Bergmann und Stahlkocher, sondern Keulenschwinger wie überall. Gefolgt alsbald von Schwertschwingern in schnieker Rüstung, wie sie in Boppard oder Bacharach kaum kühner anzutreffen waren. Ja, sogar die wilden Wikinger tummelten sich einst im Revier. Allerdings waren sie nicht geladen, kamen gelinde gesagt ungelegen und waren ganz und gar nicht gut gelitten. Auftritt für einen frühen Helden des Ruhrgebiets: Der tapfere Heinrich, ein fränkischer Edelmann, gab den sich unbefugt in Duisburg aufhaltenden Nordlichtern Saures. In den 80er-Jahren des 9. Jahrhunderts war das. Zu dieser Zeit gab's noch nicht einmal den FC → Schalke.

Noch heute zeugt Schloss Broich in Mülheim von Heinrichs tapferem Wirken. Die einstige Festung des Wikingerschrecks gilt als der am besten erhaltene karolingische Wehrbau des Frühmittelalters nördlich der Alpen. Beileibe nicht die einzige Burgenattraktion im Revier, kam es hier im 13. Jahrhundert doch zu einem wahren Bauboom. Auslöser war die Ermordung des Kölner Erzbischofs Engelbert im Jahr 1225. Ihr folgte ein Hauen und Stechen, dass sich die Schwerter bogen. Allerorten gierte man an der Ruhr plötzlich nach Macht und Einfluss – und untermauerte seinen Anspruch gut sichtbar mit einer Burg. Überdauert haben sie bis heute – in fast jeder Ruhrgebietsstadt gleich mehrere, über 100 insgesamt. Sie alle sind einen Abstecher wert. Und das nicht nur auf einer Kegeltour ...

Currywurst

Das Ruhrgebiet lässt seit Jahrzehnten die Currywurst hochleben.

Es soll ja Leute geben, die ihre Currywurst im Supermarkt erwerben – im Plastikschälchen für die Mikrowelle. Nicht selten verbergen sich unter dem Soßenspiegel dieser fragwürdigen Imitate Brüh- anstatt der korrekten Bratwürste. Wer immer sie sein mögen, die Anstifter zu diesem kulinarischen Verbrechen, aus dem Ruhrgebiet stammen sie nicht! Hier, wo Tag für Tag fleißige Fachkräfte in vorbildlich geführten Imbiss-Gastronomien die Currywurst-Tradition pflegen, kann derlei Pfusch nur befremden.

Die beste Currywurst? Sie ist deine Lieblingswurst!

Und deshalb sollte die scharfe Wurst auch dort genossen werden, wo sie – serviert mit goldgelben Pommes unter reichlich Mayo – einfach am besten schmeckt: in der Grillstube Ihres Vertrauens. Womit wir wiederum mitten in der würzigsten Diskussion wären: Wo, bitte schön, gibt es sie denn nun, die Königin unter den »Phosphatstangen«? Mag der andere große Wurststreit (Wer hat sie erfunden: Berliner oder Ruhris?) hier auch ruhen – die Frage nach der besten Currywurst im Revier soll an dieser Stelle abschließend geklärt werden.

Oft fällt im Zuge der Diskussion der Name eines Bochumer Metzgers: Bei »Dönninghaus«, da ist sich so mancher sicher, schmeckt sie am besten. Nun soll die Qualität des Produkts aus dem Dönning'schen Hause durchaus nicht in Zweifel gezogen werden. Doch wie erklärt es sich, dass man etwa in Duisburg-Marxloh gänzlich anders über die endgültige Revier-Hierarchie in puncto Wurst an feuriger Soße denkt? Dort kann es nur eine Siegerin geben: die Currywurst von Peter Pomm am Markt. Und in Witten? Da weiß, wer würzige Würste liebt: Keiner serviert »die Curry« so wohlschmeckend wie Eddi's Durst- und Wurst-Express. Die Reihe ließe sich erweitern.

Was sich wie die Formulierung der Frage ausnimmt, birgt in Wahrheit die Antwort auf selbige. Denn wer wollte auch nur einen all dieser aufrechten Wurstesser der Lüge bezichtigen? Will sagen: Die beste Currywurst? Sie ist deine Lieblingswurst! Nun bitte keine langen Gesichter – dies heißt keineswegs, es gebe sie nicht, »die beste Currywurst«. Das Gegenteil ist der Fall: Es gibt sie überall – überall im Ruhrgebiet!

»Die Abfahrer«

Dokumentarfilme gab es viele über das Ruhrgebiet, »Die Stadt der tausend Feuer« etwa oder »Eine Sinfonie in Stahl und Eisen«. Das Revier als Schauplatz für Spielfilme dagegen galt als abwegig.

Zwar gab es seit 1974 den Essener »Tatort«-Kommissar Haferkamp, doch um das abgerockte Ruhrgebietsflair und den lakonischen Humor der Einheimischen authentisch in Szene zu setzen, bedurfte es eines Sauerländers: Adolf Winkelmann (geb. 1946) drehte 1978 »Die Abfahrer«, und das Ruhrgebiet war Pop. Junge Arbeitslose haben das Herumhängen vor Industriekulisse satt und klauen einen Möbelwagen – eigentlich passiert wenig in dem Film.

Um das abgerockte Ruhrgebietsflair und den lakonischen Humor der Einheimischen authentisch in Szene zu setzen, bedurfte es des Sauerländers Adolf Winkelmann.

Die Spielfreude der Akteure, die genaue Wiedergabe von Milieu und Sprache aber begeisterten Publikum und Kritiker. 1981 legte Winkelmann nach mit »Jede Menge Kohle«, der Geschichte des von Delle Quandt gespielten Bergmanns Katlewski, der in Recklinghausen einfährt, in Dortmund herauskommt und fortan sein Leben umkrempelt. »Es kommt der Tag, da will die Säge sägen«: Per Motorsäge trennt er sich von seiner Vergangenheit.

Noch ein anderer Regisseur setzte das Ruhrgebiet filmisch in Szene: Bereits 1977 strahlte der WDR Peter F. Bringmanns »Aufforderung zum Tanz« aus, der zusammen mit dem Nachfolger »Theo gegen den Rest der Welt« Marius Müller-Westernhagens Durchbruch bedeutete.

Adolf Winkelmann jedoch zeigte sich innovativer. Er setzte – neben Tana → Schanzara als Mutter – überwiegend Laiendarsteller ein. »Jede Menge Kohle« war zudem der erste deutsche Film in Dolby Stereo.

Winkelmanns und Bringmanns Erfolge ermunterten andere zum Nachdrehen. Das Revier erfreut sich ungebrochenen Interesses von Filmschaffenden (u.a. Sönke → Wortmann). Mittlerweile bietet die Filmstiftung NRW eine »Location-Datenbank« an, die tausende pittoresker Orte aufführt, ausgesucht von Location-Scouts.

Und Winkelmann? Macht keine Ruhrgebietsfilme mehr, drehte zuletzt den TV-Zweiteiler »Contergan«, ist Produzent und Professor. Delle Quandt dagegen tat es der Filmfigur Katlewski nach: Er kehrte dem Geschäft den Rücken und ließ nie wieder von sich hören.

Adolf Winkelmann filmt im Dortmunder Signal Iduna Park für sein Projekt »Fliegende Bilder« im Rahmen der Initiative RUHR.2010.

»Ein Herz und eine Seele«

»Ein Herz und eine Seele«? – Ganz und gar nicht!

So einen hatte die TV-Nation bis dahin noch nicht auf der Mattscheibe erlebt: Als Alfred Tetzlaff alias »Ekel Alfred« 1973 mit deftigster Fäkalsprache das Abendprogramm aufmischte, war's mit der Gemütlichkeit im Fernsehsessel vorbei. »Scheiße«, »Halt's Maul, du Arschloch!« und – fast schon liebevoll – »Dusselige Kuh«, schallte es dem Zuschauer 25 Folgen lang im Stakkato entgegen. Hinzu kamen reihenweise Ausfälle gegen »Sozis«, Ausländer, Schwule – und auch schon mal kulinarische Importe aus Italien: »Pizza? Da wird so ein Kuhfladen plattgedrückt, ein Klecks Tomatensoße drauf – und schmecken tut's wie toter Friseur.«

Als Alfred Tetzlaff alias »Ekel Alfred« 1973 das Abendprogramm aufmischte, war's mit der Gemütlichkeit im Fernsehsessel vorbei.

Das Publikum vor den Bildschirmen reagierte auf derlei rustikale Unterhaltung wenig überraschend mit umgehender Spaltung. Eingeschaltet hatten freilich beide Hälften: Mit Traumquoten von bis zu 60 Prozent war »Ein Herz und eine Seele«, so der sarkastische Titel der Serie, ein Bombenerfolg. Ein TV-Hit, der Schlagzeilen wie Quote machte und anstatt des aktuellen Dschungelcamp-Stumpfsinns dennoch intelligentes Fernsehen bot. Regisseur Wolfgang Menge zielte mit seiner Satire auf die Entlarvung des reaktionären deutschen Spießers, dem er mit Alfred Tetzlaff den Spiegel vorhielt. Ironie am Rande: Nicht wenige Zuschauer jubelten, mit dem chauvinistischen Bild-Leser getraue sich endlich einmal jemand, die Wahrheit auszusprechen.

Was dies alles mit dem Ruhrgebiet zu tun hat? Als Heimat des ebenso geliebten wie gehassten TV-Ekels suchte sich Menge eine Arbeitersiedlung in Wattenscheid aus. Das miefig-piefige Reviermilieu schien ihm wohl allzu passend, wenngleich der exemplarische Spießer Alfred überall hätte zu Hause sein können. Was sich auch darin spiegelt, dass die Tetzlaffs das reviertypische Idiom gänzlich vermissen ließen. Ekel-Mime Heinz Schubert hätte es ohnehin erst pauken müssen – er war waschechter Berliner. Seinen Schwiegersohn verkörperte freilich ein echtes Ruhrgebietsurgestein: Diether Krebs wurde in Essen geboren und blieb dem Revier zeitlebens eng verbunden.

Einwanderer

Das Ruhrgebiet, wie es sich um 1820 zeigt: eine Ansammlung von Gehöften mit ein paar Herrensitzen, dazwischen mäandert die → Emscher dem Rhein entgegen, viel Grün am Rand. Duisburg, Essen und Dortmund sind die einzigen ernst zu nehmenden Agglomerationen mit je rund fünftausend Händlern und Ackerbauern innerhalb ihrer Stadtmauern.

Hundert Jahre später: Die Städte sind explodiert. Fünfzig-, sechzig-, achtzigtausend Einwohner zählen sie jetzt – und wachsen weiter. Neue Städte entstehen, Oberhausen zum Beispiel. Mit Fertilität allein lässt sich das nicht erklären. Hier findet Zuwanderung statt.

Die Einwanderer bringen manchmal ihre Familien mit und immer ihre Kultur.

Die Industrie verlangt nach Arbeitskräften. Zechen und Stahlbarone werben Arbeiter an in Westfalen, im Rheinland, in den Niederlanden. Agenten ziehen durch Masuren und Schlesien und holen immer mehr Menschen ins Revier. Die Einwanderer bringen manchmal ihre Familien mit und immer ihre Kultur. Auf einigen Zechen ist Polnisch Umgangssprache. 15.000 Polen leben 1910 allein in Gelsenkirchen – ein Anteil von knapp zehn Prozent. → Schalke 04 gilt der Konkurrenz als »Polackenverein«. Nicht immer ist das Zusammenleben der verschiedenen Einwanderergruppen konfliktfrei, und der Anpassungsdruck durch die preußische Verwaltung ist groß. Listenweise werden Nachnamen eingedeutscht. Die Mehrzahl der Ruhrgebietler stammt von Einwanderern ab.

Um 1930 zählt das Ruhrgebiet bereits über vier Millionen Einwohner. Diese Zahl wird nach dem Krieg noch übertroffen. Flüchtlinge kommen in Scharen, doch für den Neuaufbau der Ruhrindustrie reichen sie noch immer nicht aus.

Und so werden Spanier und Italiener angeworben, denen wiederum Türken und Jugoslawen folgen. Sie sind es meist, die heute in den Statistiken als Bewohner mit Migrationshintergrund aufgeführt werden. Ihr Anteil an der Gesamtbevölkerung beträgt in Gelsenkirchen angeblich 13,4 Prozent, deutlich weniger als in Frankfurt (24 Prozent) oder Stuttgart (22 Prozent). Aber das ist geflunkert,

denn die meisten Kuzorras und Abramcziks leben immer noch hier.
Es kommt vor, dass der türkische Kioskbesitzer als »Kameltreiber« bezeichnet wird. Dieser antwortet dann mit »Polacke«. So etwas bezeichnet man als interkulturellen Dialog. Echter Rassismus ist dagegen im Revier nicht mehrheitsfähig: Unter Tage waren alle schwarz.

In der Bergbauleitstelle Essen-Heisingen treffen im November 1960 über 360 Griechen ein, die im Ruhrgebiet als Bergleute arbeiten wollen.

Emscher

Einst ein sich schlängelnder, naturbelassener Fluss, dann ein ins künstliche linealgerade Flussbett gezwängter Abwasserkanal. Das ist das tragische Schicksal der Emscher. Doch Renaturierungsprojekte leisten Wiedergutmachung.

Dieser Text handelt von der Emscher. Der Emscher! Nun denn, Sie sind gewarnt. Die Emscher ist angeblich Europas einziger unverdeckter, überirdischer Abwasserkanal. Es mag an der anrüchigen Materie liegen, dass diese Behauptung noch niemand überprüft zu haben scheint in, sagen wir: Albanien. Einzigartig dürfte jedoch in der Tat sein, über Generationen hinweg die Ausscheidungen Hunderttausender stellenweise zur allgemeinen Besichtigung freizugeben, während diese träge gen Rhein dümpeln. Das sah nicht nur scheiße aus, das war Scheiße. Und roch auch so.

Die Emscher kannte jeder als »Köttelbecke«.

Die Emscher war mal ein 109 Kilometer langer gewundener Fluss. An ihren Ufern soll Wein angebaut worden sein. Jetzt ist sie gerade noch 83 Kilometer lang, über weite Strecken schnurgerade und zum Weinen.

Die Industrialisierung sorgte auch bei den Flüssen für Arbeitsteilung: Die Ruhr lieferte Trinkwasser, die Emscher transportierte Abwasser ab. Und das überirdisch: Unter der Oberfläche verschwinden lassen konnte man die Emscher nicht, denn Bergsenkungen hätten damals die Leitungen zerrissen.

Die Emschergenossenschaft trieb dem Fluss die Biegungen aus, legte Deiche gegen Hochwasser an, verlegte zweimal gar die Mündung. Dort wo die Emscher sich in den Rhein ergießt, ging 1977 das damals größte Klärwerk Europas in Betrieb. Zuvor musste der Rhein ungereinigte Abwässer von zwei Millionen Menschen und zahllosen Betrieben schlucken. Die Emscher kannte jeder als »Köttelbecke«.

Da war es wie eine Provokation, dass die Internationale Bauausstellung »Emscher Park« benannt wurde. Bei deren Start 1989 wagten nur wenige davon zu träumen, dass an ihren Ufern zwei Bundesgartenschauen stattfinden, Rad- und Wanderwege entlangführen würden. Die Renaturierung der Emscher ist seit 1991 Dauerbaustelle. 2008 begann der Bau des Emscherkanals, einer 51 Kilometer langen Röhre, die künftig die Abwässer aufnehmen wird.

In Zukunft soll der Fluss wieder die Region verbinden. Schon jetzt lohnt sich ein Ausflug in den Emscherbruch, wo zwar keine wilden → Pferde mehr leben, aber viele andere Tier- und Pflanzenarten in wildromantischer Sumpflandschaft.

Emscherschnellweg

Viele Wege führen nach Rom und so mancher Weg quer durch das Ruhrgebiet. Automobilisten finden eine schnelle Möglichkeit des Fortkommens auf der Autobahn namens Emscherschnellweg, die in weiten Teilen entlang der → Emscher verläuft. Die Emscher selbst war anno dazumal ein kleiner heimeliger Nebenfluss des Rheins, in den die Anliegerstädte später und über Jahrzehnte ihre Abwässer hineinpumpten. Böse Zungen behaupten, die Autobahn A 42 hieße eigentlich »Emscher! Schnell weg!«, weil man auf ihr geschwind den üblen Gerüchen des Flusses entkommen könne.

Hier liegt einer der anrüchigen Gründe für schnelles Fluchtverhalten all jener Autofahrer, die nicht um die A 42 umhinkommen.

Von Kamp-Lintfort bis Castrop-Rauxel reicht die 58 Kilometer lange Bundesautobahn. Sie ist die zentrale Verkehrsader von Ost nach West und verbindet damit auch Duisburg, Oberhausen, Bottrop, Essen, Gelsenkirchen und Herne miteinander. Eine höhere Autobahndichte als im Ruhrgebiet gibt es weltweit kaum. So sind dem Bundesbürger manche Städtenamen der Region vor allem aus dem Verkehrsfunk geläufig. Der Eindruck, stinkende Flüsse und verstopfte Autobahnen hätten qualmende Schlote abgelöst, trügt allerdings. Gerade am Beispiel des Emscherschnellwegs lässt sich der Wandel ablesen. So wie die Tage der Emscher als Abwasserkloake gezählt sind, so wird man die A 42 nach und nach in die Landschaft integrieren. Beim Fluss lautet das Motto »Renaturierung«, bei der Schnellstraße gilt das etwas befremdliche Stichwort »Parkautobahn«. Letzterer Plan für 2010 beinhaltet Maßnahmen, die beispielhaft für andere Metropolen sein können. Die Autobahn als Störfaktor für Anwohner soll der Vergangenheit angehören und die Fahrt auf dem Emscherschnellweg sinnesschärfenden Erlebnischarakter erhalten. Fenster in den Lärmschutzwänden und neue

Sichtschneisen geben künftig den Blick frei auf die urbane Kulturlandschaft mit ihren Sehenswürdigkeiten – vom Landschaftspark Duisburg-Nord über den → Gasometer Oberhausen, den → Tetraeder in Bottrop bis zur Essener Schurenbachhalde.

So beweist das Ruhrgebiet auch da Kreativität, wo man es zunächst nicht vermutet. Wer also lange Autobahnfahrten mit Langeweile und Monotonie verbindet, der wird beim Befahren des Emscherschnellwegs sehen, dass es im Revier auch anders geht.

Blick vom Dach des Gasometers Oberhausen über Rhein-Herne-Kanal, Emscher und Autobahn A 42 Richtung Duisburg

Folkwang

Die wahre Pracht des Folkwang Museums offenbart sich erst im Innern des berühmten Baus.

Wahre Schönheit kommt von innen! Und wo wird diese Redensart anschaulicher bestätigt als im Revier? Denn: Wirklich schön ist auch das Essener Museum Folkwang nicht. Jedenfalls von außen besehen nicht. Sagen wir es geradeheraus: Ein Prado, ein Louvre, eine Eremitage ist der nüchterne Bau an der Bismarckstraße nicht – die inneren Werte des Hauses jedoch können sich mit jedem anderen Museum der Welt messen. Und eben darum ist man geneigt, den grauen Kunsthort zu einem Sinnbild für das gesamte Ruhrgebiet zu erklären.

Ein Prado, ein Louvre, eine Eremitage ist der nüchterne Bau an der Bismarckstraße nicht.

Die Geschichte des Hauses ist dabei fast so wechselvoll wie die Geschichte der Region selbst. Mehrmals war die Sammlung in ihrem Bestand gefährdet, sie wurde von den Nationalsozialisten geplündert (Stichwort: »Entartete Kunst«) und hat im Bombenhagel gelitten. Ursprünglich waren die Schätze der Moderne, die Karl Ernst Osthaus zusammengetragen hatte, ab 1902 in dessen Geburtsort Hagen beheimatet – in einer eigens erbauten »Halle des Volkes« (so die Übersetzung von »folkvangar«). Der weitsichtige Kunstsammler hatte erkannt: »Nirgends wären Museen notwendiger als in den immer gewaltiger anwachsenden Industriestädten, und doch sind sie nirgends seltener.« Dieser Missstand ist mittlerweile größtenteils behoben – inzwischen treibt die Kunstlandschaft des Reviers mannigfaltigste Blüten.

Seit 1960 ist die Sammlung an ihrem heutigen Standort in Essen zu finden. Der wird pünktlich zum Kulturhauptstadt-Jahr 2010 sogar um einen Anbau erweitert. Mehr Raum also für die »Folkwang«-Sammlungen mit Gemälden, Grafiken, Skulpturen und Fotografien, die bislang aus Platzgründen zu großen Teilen ein wahres »Schattendasein« in den dunklen Lagerstätten des Museum fristen mussten. Renoirs edle »Lise«, Adolph von Menzels derber »Arbeiter mit Schirmmütze«, Gauguins exotisches »Mädchen mit Fächer« und Liebermanns melancholischer »Papageienmann« dann endlich einträchtig nebeneinander – eine wirklich schöne Aussicht ist das.

Fußball

»Schäfer nach innen geflankt. Kopfball – abgewehrt. Aus dem Hintergrund müsste Rahn schießen ...«

Der Boss schoss, traf zum 3:2 ins Tor und zugleich mitten ins Herz der favorisierten Ungarn. So wurde am 4. Juli 1954 im Regen von Bern die Mutter aller deutschen Sommermärchen geboren. Und nebenbei lieferte Rahn den Stoff für die legendärste aller Rundfunkübertragen, mit der Herbert Zimmermann weltberühmt wurde.*

Helmut Rahn, genannt »Der Boss«, hatte im WM-Endspiel auch schon das 2:2 besorgt. Er kickte damals für Rot-Weiß Essen und führte den Club ein Jahr später zur (bislang einzigen) Deutschen Meisterschaft. Eine echte Kultfigur. Sein bewegtes Leben wurde 1993 sogar Theaterstoff: in Klaus Pohls Stück »Manni Ramm«.

Zugleich begründete Rahn 1954 eine schöne Tradition. Denn Deutschland konnte noch zwei weitere wichtige Endspiele dank der Treffsicherheit von Stürmern mit Essener Wurzeln gewinnen: Horst Hrubesch, Doppeltorschütze beim 2:1 im EM-Endspiel 1980 gegen Belgien, schnürte seine Stollenschuhe vier Jahre lang bei Rot-Weiß Essen. Und Oliver Bierhoff, dem der Doppelpack inkl. Golden Goal beim 2:1 im EM-Endspiel 1996 gegen Tschechien gelang, kickte in seiner glücklichen Jugend für den Ortsrivalen Schwarz-Weiß Essen.

* Zumindest in Deutschland weltberühmt, würde Helge → Schneider ergänzen. Aber der hat mit Fußball nichts zu tun, kommt allerdings fast aus Essen.

Zu WM-Zeiten herrschte noch Einigkeit und Solidarität im Ruhrpott …

Essen? Da lässt der Fußballfachmann im Geiste alle drei Profi-Ligen »Paroli laufen« (wie Horst Hrubesch sagen würde), in denen Schwarz- oder Rot-Weiß heutzutage ihr Unwesen treiben könnten ... Vergeblich, kein Profifußball mehr in Essen.

Und gibt's nicht gerade im Ruhrgebiet den einen oder anderen Verein, der eher dafür in Frage käme, Siegtorschützen für Endspiele hervorzubringen? Na klar. Man denke nur an den MSV Duisburg und seinen wackeren Verteidiger Bernhard Dietz, der 1980 zwar kein Tor schoss, aber Kapitän der Europameistermannschaft war. Oder an den BVB, der 1996 den Leitwolf Matthias Sammer zur EM abkommandierte. Im WM-Finale 1966 standen sogar drei Borussen.

Das Ruhrgebiet ist die größte Fußballlandschaft des Kontinents; nirgendwo sonst in Europa gibt es eine solche Vereinsdichte.

Fehlt da nicht ein Club? Richtig. Traurig schütteln Schalker Fans den Kopf, wenn sie nach königsblauen Spielern gefragt werden, die in einem Finale überhaupt mitspielen durften. 1954 wechselte sich der flinke Berni Klodt mit Helmut Rahn auf Rechtsaußen brüderlich ab – der Rest ist bekannt. 1974 eroberten die langmähnigen Kremers-Zwillinge zwar die Musikcharts (»Das Mädchen meiner Träume«). Die WM allerdings verpasste Erwin aufgrund eines Platzverweises am letzten Bundesligaspieltag und Helmut gab beim Turnier den Edelreservisten. Selbst Olaf Thon saß 1990 beim siegreichen Finale gegen Argentinien nur auf der Bank. Bleibt bloß Gerald Asamoah: Er wurde im verlorenen WM-Finale 2002 immerhin eingewechselt.

Natürlich reduziert sich der Fußball im Revier nicht auf Einzelschicksale. Im Gegenteil: Das Ruhrgebiet ist die größte Fußballlandschaft des Kontinents; nirgendwo sonst in Europa gibt es eine solche Vereinsdichte, eine solche Fußballbegeisterung und so viel Tradition. Man blicke nur auf die nicht enden wollende Liste an Revierclubs, die erstklassig Fußball spielen oder spielten, sei es bis 1963 in der Oberliga West oder danach in der Bundesliga: → Schalke 04, → Borussia Dortmund, Rot-Weiß Essen, Westfalia Herne, SV Sodingen, Meidericher SV (später MSV Duisburg), Rot-Weiß Oberhausen, VfL Bochum, STV Horst-Emscher, Duisburger SpV, Sportfreunde Katernberg, Hamborn 07, SpVgg Erkenschwick, VfL Witten, Duisburger FV 08, Schwarz-Weiß Essen, TSV Marl-Hüls und Wattenscheid 09. Puh!

Natürlich gibt es handfeste Rivalitäten zwischen den Nachbarn, brisante Lokalderbys, Hass und Häme. Das war nur einmal anders, im goldenen Jahr 1997. Da freuten sich die Dortmunder doch tatsächlich ehrlich über Schalkes Sieg im UEFA-Cup. Das fiel ihnen allerdings leicht, denn praktisch zeitgleich holte der BVB die Champions League. Auch die Bochumer ließen sich seinerzeit von der revierübergreifenden Begeisterung anstecken – da der VfL sich ausnahmsweise für den UEFA-Cup qualifizierte.

Mittlerweile ist der Zusammenhalt kein Thema mehr: Mit großer Schadenfreude vermasselten VfL und BVB 2007 den Schalkern die Deutsche Meisterschaft.

... spätestens jedoch, wenn die Erzrivalen BVB und Schalke aufeinandertreffen, ist es mit der Harmonie vorbei.

Gasometer Oberhausen

»Den Gasometer hatten wir schon zur Sprengung vorgesehen«, gab Oberhausens damaliger Oberbürgermeister Friedhelm van den Mond unumwunden zu. Klar: war alt, musste weg, so geht das im Revier. Jetzt ist van den Mond selber alt und weg, aber der Gasometer steht noch – 1929 fertiggestellt und damit drei Jahre älter als der Ehrenbürger der Stadt Oberhausen.

Der größte Mond auf Erden im Gasometer

Mit 117 Metern Höhe und knapp 68 Metern Durchmesser speicherte der größte Gasbehälter Europas einst 347.000 Kubikmeter Hochofengas für die Eisenhütte. Mit der Krise der Montanhütte wurde der Gasometer arbeitslos und 1988 endgültig stillgelegt. Doch arbeitslos herumstehen, das ist im Ruhrgebiet kein Alleinstellungsmerkmal. Eine neue Aufgabe musste her. Vor Ort engagierten sich Bürger für den Erhalt und wurden darin von der IBA unterstützt. Die Ruhrkohle AG kaufte sich mit zwei Millionen DM frei, dem veranschlagten Preis für den Abriss. Dieses Geld ging an eine Betreibergesellschaft, und auch das Land schoss zu. Für 15 Millionen DM wurde die Blechröhre schließlich in eine Ausstellungshalle umgewandelt. Und nicht in irgendeine: Die Scheibe, die zuvor als Deckel auf dem Gas schwamm, wurde in 4,20 Meter Höhe fixiert. Darunter entstand ein 3000 Quadratmeter großer Ausstellungsraum. Darüber erhebt sich 100 Meter hoch ein Dom. Er ergreift Besitz vom Körper des Besuchers: Der Kopf legt sich automatisch in den

Nacken, das Auge gaukelt eine Kuppel vor, wo gar keine Wölbung ist.
Dieser dramatische Raum fordert Künstler. 1999 stellte hier Christo »The Wall« vor, eine Installation aus gestapelten Ölfässern. »Feuer und Flamme« über die Historie des Ruhrgebiets war eine der erfolgreichsten Geschichtslektionen aller Zeiten. Auch die anderen acht Ausstellungen zogen sechsstellige Besucherzahlen an, insgesamt mehr als drei Millionen, der Gasometer finanziert sich selbst. Bis Anfang 2010 ist hier der »größte Mond auf Erden« (25 Meter Durchmesser) zu sehen – aufgehängt im Rahmen der Schau »Sternstunden – Wunder des Sonnensystems«.

Der 117 Meter hohe Gasometer – effektvoll beleuchtet im Rahmen der Ausstellung »Das Auge des Himmels«

Auch wer es nicht mit Kultur hat, sollte den Gasometer besuchen. Den Aufzug oder die 592 Stufen nehmen und aufs Dach des Reviers treten. Blick bis Schalke und zum Rhein, im Sturmesbrausen. Kolossal. Die »Missfits« haben ein Lied drüber geschrieben. Die gibt's nun auch schon länger nicht mehr. Aber den Gasometer.

Gelsenkirchener Barock

Schränke in Eiche brutal, plüschige Lampenschirme, samtene Telefon-Schonbezüge mit Brokatlitze – dafür haben unsere Großeltern ihren Lohn ausgegeben. Wer sich nach der Behebung der Bombenschäden etwas leisen konnte, der investierte in bleibende Werte, nicht in kurzfristiges Vergnügen wie Fernreisen, Mode und Tand. Man wollte schließlich zeigen, was man hat, ging auf Nummer sicher und kaufte was Solides.

Wobei »solide« hier eher in seiner Bedeutung »wuchtig« auftritt. Neben monströsen Polstermöbeln war das Küchenbüfett mit gardinengefassten Fenstern begehrt. Darin ließ sich Nippes staubfrei ausstellen. Politur brachte das Edelholzfurnier auf Hochglanz. In den kleinen Arbeiterwohnungen brach man sich fast die Beine beim Versuch, an so einem bauchigen Trumm vorbeizukommen.

Wo kam dieser, nun ja, Stil her? Schon in der Zwischenkriegszeit zeigten zwar Bauhaus- und andere Gestalter Design in schlichten, funktional-zeitlosen Formen. Daneben feierte aber die Lust am Ornament Orgien. Im klassischen Barock des 17. Jahrhunderts versuchten die Fürsten, einander zu überprunken, im Gelsenkirchener Barock des 20. Jahrhunderts die Spießbürger – und das Innere manches Koloniehäuschens sah aus wie Klein-Versailles mit ausladenden Schränken, Zierprofilen und hochriskanten Musterkombinationen.

Je mehr innenarchitektonischer Schwulst, desto »gemütlicher«; funktional, pah, das war schon die Umgebung im Betrieb. Der Ball ist rund, unsere Frauen sind rund, warum sollen nicht auch unsere Möbel Rundungen haben? So ungefähr müssen sie gedacht haben. Und wohnten zwischen Möbeln, die so raumgreifend waren, dass noch heute dahinter Reiner Calmund Verstecken spielen kann.

Dass dieser Neo-Barock nach Gelsenkirchen benannt wurde, hat mit dem Barockschloss Berge nichts zu tun. Vielmehr wurden die in Schwung gepressten Holzmöbel aus ostwestfälischer Produktion über den Güterbahnhof Schalke bundesweit ausgeliefert. Die Gelsenkirchener waren not amused, für schlechten Geschmack sprichwörtlich zu sein. Erst 1991 besaßen sie genug Humor, um eine Ausstellung zum Thema zu zeigen.

Eiche brutal, schwülstige Formen, raumumfassende Möbel – das ist die Antwort des Gelsenkirchener Barock auf die schlichte Funktionalität des Bauhaus.

Goldene Madonna

Berlin hat die Goldelse, das Revier seine Goldene Madonna. Während die Hauptstädter zu einer Siegesgöttin hinaufschauen, bewundern die Revierbürger Mutter und Kind. Und Letztere waren bereits ein Vierteljahrtausend alt, bevor Berlin erstmals urkundlich erwähnt wurde – keine Marienfigur ist älter.

Die Goldene Madonna entstand um 980. Damals wurde Essen von Frauen regiert, den Äbtissinnen des Stifts. Sie waren verwandt mit dem Kaiserhaus und daher bei Kasse. Etwa um die Jahrtausendwende legten sie einen Domschatz an, dessen bedeutendstes Überbleibsel die Madonna ist.

Die Stadtwerbung machte Maria gar zum ältesten Covergirl der Welt: Als »Essen sein Schatz« warb sie auf Postern.

Die 74 Zentimeter hohe Figur besteht aus mit Goldblechen beschlagenem Holz. Die Bleche sollen einen Viertelmillimeter dünn sein, zweitausendmal solider als Blattgold. Die Augen von Maria und Jesus leuchten aus blauer Emaille, und Marias Blick scheint dem Betrachter zu folgen.

Als die Skulptur entstand, wurde der dreijährige Otto III. zum Kaiser gekrönt. Im Domschatz ist eine kostbare Krone erhalten, die nur auf einen Kinderkopf passt. Sie wurde im Mittelalter geändert, sodass vor Prozessionen die goldene Madonna damit gekrönt werden konnte.

Eine gründliche Restaurierung im Jahre 2004 ergab, dass die mehr als tausendjährige Skulptur nicht mehr bewegt werden dürfe. So steht die Patronin des Ruhrbistums nun im Essener Dom hinter Panzerglas, unter dem Titel »Mutter vom guten Rat«, der ihr 1959 vom Papst verliehen wurde.

Doch es bedurfte dieser päpstlichen Auszeichnung nicht. Die Essener haben die Madonna stets in Ehren gehalten. Bis zur Reformation 1561 führten sie sie bei Prozessionen mit. In Kriegszeiten wurde sie ausgelagert. Der erste Ruhrbischof Franz Hengsbach holte sie aus der Schatzkammer, seither kann sie jeder ohne Eintrittsgeld besuchen.

Immer sind vor der Madonna Gläubige oder Kunstinteressierte anzutreffen. Für die Restaurierung haben Revierbürger und -firmen gespendet. Die Stadtwerbung machte Maria gar zum ältesten Covergirl der Welt: Als »Essen sein Schatz« warb sie auf Postern. Der Volksmund hat die Bezeichnung übernommen. Im Mittelalter hieß die Madonna »dat gulden bild onser vrouwen«. Der Restaurator von 2004 gibt ihr noch weitere 1000 Jahre.

Über 1000 Jahre alt – und dennoch hat die Goldene Madonna von Essen nichts von ihrem Glanz eingebüßt.

Goosen, Frank

Er wurde gezeugt auf einer Halde. Sein erster Berufswunsch lautete »Hustinettenbär«. Als VfL-Bochum-Fan ist er leidensfähig und verneigt sich täglich um 18:48 Uhr (1848 – das Gründungsjahr des Vereins) gen Stadion. Behauptet er jedenfalls.

Trotz oder wegen seines Germanistik-Studiums hat er mehr Sprachgefühl als alle »Ruhrgebietskrimi«-Autoren zusammen und setzt → Ruhrdeutsch nur da ein, wo es authentisch wirkt. Frank Goosen ist einer der besten Literaten des Reviers.

Trotz oder wegen seines Germanistik-Studiums hat er mehr Sprachgefühl als alle »Ruhrgebietskrimi«-Autoren zusammen.

Angefangen hat alles mit anderer Leute Texten. Die trug Goosen ab 1992 gemeinsam mit Jochen Malmsheimer unter dem Titel »Tresenlesen« dem meist studentischen, durch Alkohol und Pointendichte enthemmten Publikum vor. Selbstgeschriebenes kam dazu.

Das hatte beträchtlichen Erfolg, nicht zuletzt wegen der unterschiedlichen Temperamente: Goosen war der ruhigere Part, Malmsheimer gab die Rampensau. Vielleicht aus demselben Grund folgte nach fast 1000 Auftritten die Trennung.

Das aktuelle Jahrtausend bewältigt Goosen künstlerisch allein, privat mit Gattin, Kindern, Einbauküche, Kombi, pipapo. 2001 erschien sein erster Roman »Liegen lernen«. Der Ich-Erzähler nimmt uns mit durch seine – abgesehen von hormonellen Verwerfungen – erschütternd ereignisarme Jugend in den 1980er-Jahren. Den Mauerfall verbringt er im Bett fernsehend, Hauptantriebskraft auch während der Studienzeit ist die Suche nach der entschwundenen Jugendliebe. Er ist unfähig, Verantwortung zu übernehmen für irgendwas oder irgendwen, sich selbst eingeschlossen. Die Romanhandlung dürfte so oder ähnlich abertausenden zeitgenössischen Tagebüchern anvertraut worden sein, bei Goosens Altersgenossen wurde »Liegen lernen« ein Hit. Der Roman spielt übrigens klar erkennbar in Bochum, die Verfilmung infamerweise in Düsseldorf.

Goosen schrieb weitere Romane. Wegen der dem oft banalen Alltag entlehnten Schilderungen und der starken Pop- und Fußballbezüge wird der Autor von Kritikern gern mit Nick Hornby verglichen. Es ist als Kompliment gemeint.

Eine große Fangemeinde liebt seine Fußballkolumnen und die kurzen »Komischen Geschichten«, die er auf CD oder live liest und die ihren Namen sehr zu Recht tragen.

Frank Goosen auf der Frankfurter Buchmesse 2007

Grönemeyer, Herbert

Geboren ist er in Göttingen, aufgewachsen in Bochum. Da sang er im Schulchor. Erhielt Klavierunterricht, jobbte als Pianist am Schauspielhaus, wurde 1976 dessen musikalischer Leiter.

Er besuchte nie eine Schauspielschule, trat aber im Theater und in Filmen auf. In »Das Boot« spielte Grönemeyer 1981 einen U-Boot-Kriegsberichterstatter nach einem autobiografischen Bericht von Lothar-Günter Buchheim. Der schrieb über Grönemeyers Darstellung: »fatal geraten, Charge, albern, Hampelmannsgebaren«.

»Ich war als Schwiegersohn und in den Shakespeare-Rollen immer der doofe Liebhaber und immer der Blödeste, der da herumrannte.«

Nun, Buchheim konnte man es nicht recht machen. Doch auch Grönemeyer selbst sagte später über sich: »Ich war nie ein großer Schauspieler. Ich war als Schwiegersohn und in den Shakespeare-Rollen immer der doofe Liebhaber und immer der Blödeste, der da herumrannte.« Er entschied sich für die Musik; eine der wenigen Filmrollen, die er noch übernahm, war ein Kurzauftritt als Arzt in Anton Corbijns Film »Control« über die Band Joy Division.

Grönemeyers musikalische Anfänge waren alles andere als erfolgreich. Seine erste Platte gewann nur einen Preis – berechtigterweise für »das hässlichste Cover«. Wer kein Fan ist, kennt aus seinen frühen Jahren allein »Currywurst«, ein Lied nicht aus seiner Feder.

Im Jahr 1984 kam dann der Durchbruch mit »Bochum«. Das Album hielt sich 79 Wochen in den deutschen Charts. Seither schafften es alle seine Studioalben auf Platz 1 der Verkaufslisten.

Bis ihm ein derartiger Erfolg mit einer Single gelang (»Mensch«), schrieb man das Jahr 2002. Rund 30 Single-Hits, als erster Deutscher eine »Unplugged«-Session bei MTV, viele Millionen Alben verkauft, riesige Stadien gefüllt, wichtige Ehrungen eingeheimst – seine Erfolge in Zahlen auszudrücken, ist nur für Statistiker interessant.

Spannender ist, was den erfolgreichsten Kulturexport der Region eigentlich noch mit dem

Mit dem Titel »Bochum«
hat Herbert Grönemeyer dem Ruhrpott
eine unvergessliche
Hymne geschenkt.

Ruhrgebiet verbindet. Grönemeyer lebt schon seit mehr als zehn Jahren in London, wenn er auch monatlich Bruder und Mutter in Bochum besucht. Was also steckt noch vom Ruhri in ihm?

Grönemeyer ist zuverlässig. Er schuftet, er liefert ab. Und er enttäuscht seine Fans nicht. Die wollen und kriegen »blue-collar stadium rock«, Malocher-Stadionrock, wie das Time Magazine über seine Musik schreibt.

Grönemeyer sieht heute besser aus als vor 25 Jahren. Wie das Revier.

Grönemeyer ist nicht kleinzukriegen. Binnen einer Woche starben sein Bruder und seine Frau an Krebs. Grönemeyer kämpfte sich aus der Depression zurück auf die Bühne.

Grönemeyer mischt sich ein. Gegen den »sehr üblen« Neoliberalismus, gegen Armut, gegen Rechts redet er Klartext. (Anders als in seinen Songs; manche Textzeilen können auch eingefleischte Liebhaber nicht klarer wiedergeben als »Menna-nehm-innenamm«. Er sagt dazu: »Ich versuche die Sprache so zu kneten und zu quälen, dass sie mir als Sänger wie ein Instrument eben einfach passt.«)

Grönemeyer hat Humor. Wiglaf Droste ätzt über ihn: »Herbert kann nicht tanzen. Kein Rhythmus. Kein Körper. Sieht komisch aus. Krank. Hospitalistisch. Autistisch.« Statt zu klagen, konterte Grönemeyer bei Harald Schmidt lässig: »Ich bin auch tänzerisch sehr stark.« Zur WDR-Comedyserie »Ähnie und Herr Bert«, deren Humor sich weitgehend in der Parodie des Grönemeyer-Metaphernstakkatos (»Du stahlblaues Licht, tollkühne Lust zum Leben/ himmlisches Geschenk, kosmisches Sonnen-Phänomen«) erschöpfte, bekundete Grönemeyer: »Ich kann drüber lachen.«

Grönemeyer liebt → Fußball. Für die WM 2006 lieferte er die offizielle Hymne »Zeit, dass sich was dreht«. Seit 2006 ist er Mitglied des VfL. »Bochum« wird dort vor jedem Heimspiel gespielt.

Grönemeyer sieht heute besser aus als vor 25 Jahren. Wie das Revier.

Grönemeyer ist Kollege. Auf seinem Label Grönland Records produziert er Newcomer. Für Konzerte und Kampagnen tut er sich zusammen mit den Fantastischen Vier, Bob Geldof oder Bono, der 2007 vor 70.000 Fans »Mensch« sang, auf Deutsch.

Grönemeyer ist solidarisch. Er sammelte mit der »Band für Afrika« Spenden, sagte für ein Benefizkonzert für die geplante Bochumer

Symphonie zu. Zur Opel-Krise schrieb er: »Bochum – da sind meine Wurzeln. Und jetzt gehen da die Lichter aus. Beeindruckend finde ich, wie die Menschen dort kämpfen. Das ist eben das Ruhrgebiet: in mancher Beziehung hoffnungslos, aber immer kampfesbereit. Es geht da um den Erhalt der eigenen Menschenwürde. Diese Mentalität macht Mut.«

Grönemeyer während eines Konzerts im ausverkauften Ruhrstadion in Bochum.

Gruga

Woanders geht man in den Stadtpark. Davon gibt es ausgesprochen hübsche im Ruhrgebiet. Den in Bochum, zum Beispiel. Den Kaisergarten in Oberhausen. Oder, etwas anders konzipiert, den Kaiserberg in Duisburg. Das sind überschaubare Anlagen mit kleinen Alleen, kleinen Seen und ein wenig Puder im Geäst. Die Essener haben so etwas auch: den Stadtgarten. Aber damit geben sie sich nicht zufrieden. Sie gehen zum Lustwandeln in die Gruga – und tun so, als wär's der Hyde Park und dahinter läge der Palast der Queen.

Die Große Ruhrländische Gartenbau-Ausstellung GRUGA fand 1929 statt und geht zurück auf die Idee, dem darbenden Messebetrieb mehr Attraktivität zu verleihen. Das hinter den Ausstellungshallen gelegene Gelände konnte eine Aufwertung dringend vertragen. Hier summten Mücken um ein paar Tümpel, standen Polizeibaracken und Lagerschuppen. Diesen Sumpf in eine blühende Landschaft zu verwandeln, brachte 1000 Erwerbslose für zwei Jahre in Lohn und Brot. Die Gruga war also auch eine Arbeitsbeschaffungsmaßnahme – ähnlich wie der → Baldeneysee. 130.000 Sommerblumen und 70.000 Rosen wurden frisch eingesät und ausgetopft. Bei der Eröffnung strahlte die Sonne, und weil sich dies für Monate hielt, ersetzte man im Ruhrgebiet das »Kaiserwetter« in jenen Tagen durch den Begriff »Grugawetter«.

Die Gruga war die erste Gartenbauausstellung, die als Volkspark fortbestand. Sie wurde stetig ausgebaut und erneuert; viele bis heute beliebte Attraktionen wie die Kinderbahn verdankt sie ausgerechnet der Reichsgartenschau von 1938. Bei den etwas Älteren verbindet sich der Name Gruga weniger mit dem Park als mit der Grugahalle. Sie war 1968 einer der Schauplätze der Essener Songtage, wo Künstler wie Franz Josef Degenhardt, Tangerine Dream oder Frank Zappa die musikalische Tiefe jener Zeit von politisch-ambitioniert bis psychedelisch-bekifft ausloteten. Von 1977 bis 1986 war die Grugahalle Spielort des legendären Rockpalasts. Und die Rolling Stones machten schon 1965 auf ihrer ersten Deutschland-Tournee hier Station. Ein paar Jahre später haben die es dann auch in den Hyde Park geschafft.

Ausgelassene Stimmung im Gruga-Park mit dem Kurhaus im Hintergrund

Halden

»Wenn wir erklimmen schwindelnde Höhen, steigen dem Gipfelkreuz zu ...« – dann ist das erstens illegal und zweitens kein Kreuz da. Denn die Berge des Ruhrgebiets sind Bergehalden, bezeichnen das »taube«, also wertlose Gestein, das beim Bergbau anfällt und in riesigen Haufen gelagert wird. Und hier gilt: Betreten verboten!

Horizontobservatorium auf der Halde Hoheward

Halden werden nicht nach Kraxel-Kriterien zusammengekippt. Außerdem enthalten sie oft Kohlereste, die sich entzünden können. Ein halbes Dutzend Halden soll vor sich hinkokeln, bis zu 500 Grad erreichen die Schwelbrände in ihrem Inneren. Die Mehrzahl der rund 170 Ruhrgebietshalden ist daher für Besucher tabu. Die natürlichen Berge des mittleren Ruhrgebiets sind kaum der Rede wert. Der höchste Punkt Bochums hat nicht mal einen Namen. Was die Landschaft beherrscht und gliedert, sind Schlote, Kühltürme, Hochöfen und eben Halden. Manche prägen die Umgebung wie etwa die 201 Meter hohe Halde Oberscholven, die das restliche Gelsenkirchen um 140 Meter überragt. Da gibt es dann tatsächlich ein Gipfelkreuz.

Ein weiteres Kreuz krönt die Bottroper Halde Haniel. Wie die Zeche Prosper-Haniel ist sie noch in Betrieb. Während am einen Ende Gestein angeschüttet wird, ist der Rest für Touristen freigegeben. Diese können aus 159 Metern Höhe einen fantastischen Ausblick aufs Revier oder, etwas tiefer, Aufführungen im Amphitheater genießen. Zum Gipfel führt ein

Kreuzweg, den Katholiken karfreitags in einer Prozession gehen.
Auch andere Halden werden zu Landmarken umgestaltet – mit Kunst (wie etwa die von

Die Bottroper Halde Haniel bietet mit 159 Metern Höhe einen fantastischen Ausblick auf das Revier.

einer Richard-Serra-Skulptur gekrönte Essener Schurenbachhalde) oder durch hunderttausende Bäume. Auf der Halde Beckstraße steht seit 1995 Bottrops Wahrzeichen, der → Tetraeder. Die pyramidenartige Konstruktion fand im Revier anfangs nicht nur Fans. Doch wie die Pariser sind mittlerweile auch die Bottroper stolz auf ihr Stahlgerüst mit Aussichtsplattform. Wen der Aufstieg nicht genug gefordert hat, der kann sich vis-à-vis auf der Halde Prosperstraße austoben: Hier steht, ganzjährig befahrbar, die längste Skihalle der Welt.

Hansch, Werner

Werner Hansch auf der Kommentatorentribüne in der Veltins-Arena in Gelsenkirchen

Der beste Fußball wird im Revier gespielt, also kommen auch die besten Sportreporter aus dem Revier. Das meinen jedenfalls die besten Fans, also die aus dem Revier. Aber es gibt gute Belege: Frank Buschmann, Jörg Dahlmann, Hansi Küpper oder den auch als Fußballromanautor bekannten Ulli »prima, das Duisburger Publikum – es unterstützt die eigene Mannschaft« Potofski. Und zwei der Allerbesten: Manfred Breuckmann und Werner Hansch.

Noch mehr als der Dattelner Junge Manni Breuckmann ist Werner Hansch ein echter Ruhrgebietler. »Ich komme von ganz unten, bin geboren in Recklinghausen-Süd«, sagt Hansch über sich. Anders als Breuckmann hat er immer im Revier gelebt. Wie sein Vater sollte er auf dem Pütt arbeiten, doch Werner setzt durch, dass er studieren darf. Als der Vater an Staublunge stirbt und kurz darauf auch die Mutter tot ist, muss Werner das Studium abbrechen und doch unter Tage arbeiten. Dann wird er Lehrer. 1969 vertritt er den Bahnkommentator auf der Recklinghäuser Trabrennbahn. Das kommt gut an. 1973 wird er Stadionsprecher in → Schalke. Dass er die Spieler ansagt wie Rennpferde (»Mit der Startnummer 1: Norbert Nigbur«), verzeiht man ihm. 1978 holt Kurt Brumme ihn zum WDR, später senden ARD, Sat 1 und Arena Hanschs leidenschaftliche Moderationen. Farbige Methaphern werden sein Markenzeichen. Hansch ist für Einsatz: »Nein, liebe Zuschauer, das ist keine Zeitlupe. Der läuft wirklich so langsam.« Hansch misstraut Zahlen: »Ja, Statistiken. Aber welche Statistik stimmt schon? Nach der Statistik ist jeder vierte Mensch ein Chinese. Aber hier spielt gar kein Chinese mit.« Hansch bringt es auf den Punkt: »Es war ein Sandwichspiel. Ein frühes und ein spätes Tor, dazwischen viel Gehacktes.«

»Nein, liebe Zuschauer, das ist keine Zeitlupe. Der läuft wirklich so langsam.«

Man sieht, Hansch ist aus Überzeugung ein Ruhrgebietsmensch: »Ich identifiziere mich voll mit der Region. Und es ist mir wirklich völlig scheißegal, ob es der MSV, Rot-Weiß Oberhausen, RWE, Wattenscheid 09, VfL Bochum, der S04 oder der BVB ist – es kann doch nur gut sein für alle, wenn hier die Musik gespielt wird.«

IBA Emscher Park

Ein Bild aus alten Tagen, als die Schlote noch rauchten. Doch das Ruhrgebiet hat einen erfolgreichen Weg gefunden, um der Krise der Montanindustrie zu begegnen. Die IBA Emscher Park war dabei eine der wichtigsten Initiativen auf dem Weg in eine neue Zukunft.

In diesem Land wohnen Titanen. Auf vergiftetem Boden stehen sie da, ragen in den Himmel, schweigende Riesen monströsen Ausmaßes, Saurier mit rostenden Panzern. Sie gebieten Ehrfurcht durch ihre bloße Präsenz. Ihre Lungen aber atmen nicht mehr: Die meisten Hochöfen an der Ruhr sind erkaltet.

Das Ruhrgebiet ist eine Erfindung des 19. Jahrhunderts. Damals machten es neue Techniken möglich, → Kohle aus großer Tiefe zu fördern und damit → Stahl zu produzieren. Innerhalb weniger Jahre war der Prozess der Industrialisierung in vollem Gange und veränderte die einst verschlafene Gegend auf radikale Weise.

Die Menschen im Ruhrgebiet sind heute stolz auf die raue Ästhetik ihrer Heimat.

Nun ist seit 50 Jahren ein ebenso tief greifender Umbruch im Gange: die Deindustrialisierung. Stahl und Kohle können längst billiger aus Übersee importiert werden. Von 600.000 Arbeitsplätzen im Bergbau sind 30.000 übrig, von den tausend Feuern brennen nur wenige noch. Seither bemüht sich das Revier um neue Arbeit, um den »Strukturwandel« von der Montanindustrie hin zu einer modern differenzierten Wirtschaftsstruktur, stark subventioniert durch Steuermittel. Doch nach dem Kollaps der DDR Ende der 1980er-Jahre flossen die Milliarden in den Aufbau Ostdeutschlands. Das Ruhrgebiet musste sich auf eigene Stärken besinnen.

Nichts war dem Ruhrgebiet so eigen wie seine gewaltigen Industrieanlagen. Die Verantwortlichen begriffen: Diese Monumente der Vergangenheit, buntscheckige Saurier mit rostendem Panzer, konnten zu Symbolen der Zukunft werden.

Die Landesregierung holte 1989 den Städteplaner Prof. Karl Ganser, gab ihm 5 Milliarden DM und zehn Jahre Zeit. Mission: das Ruhrgebiet ins Jetzt zu holen. Gansers Ziel als Chef der Internationalen Bauausstellung (IBA) Emscher Park war es, eine neue Landschaft zu formen – »wiederum durch Eingreifen der Menschen, diesmal aber angeleitet durch ein kulturell-ökologisches Leitbild«. Kunst? Ökologie? Ganser musste den Kampf gegen verstei-

Die einstigen Fördertürme und Industrieanlagen sind heute Publikumsmagnet für Millionen Besucher.

nerte Strukturen aufnehmen. Da waren die 53 Revierstädte, die alle gegeneinander konkurrierten. Die Dorfbürgermeister mit ihrem Fördertur mdenken, die seit Jahrzehnten regierten, und ihre Freunde in Industrie und Gewerkschaften, die das Sagen hatten. Ganser setzte sich gegen diesen Filz durch. Er sprach aus, was sonst niemand wagte. Er dachte schneller und weiter als die anderen, und er ließ sie es spüren. Journalisten sagte er, dass ihre Fragen geistlos seien. Lokalfürsten

Mutiger Vorkämpfer des Strukturwandels im Ruhrgebiet: Prof. Karl Ganser

ließ er einfach stehen. Ganser konnte es sich leisten; er verwaltete das Geld.

»Kaiser Karl« stoppte den Abriss von Industriedenkmälern. Er unterstützte Bürgerinitiativen, die gegen die Zerstörung von Siedlungen und historischen Zechen kämpften. Er verhinderte, dass noch mehr Flächen für anonyme Gewerbeparks betoniert wurden, in die doch nie Firmen einziehen würden. Statt auf eine fantastische Zukunft setzte er auf eine konkrete Vergangenheit. Als der → Gasometer gesprengt werden sollte, rettete Ganser den Giganten. Er führte Skeptiker auf das 117 Meter hohe Dach, von wo aus man weit in die vernarbte Landschaft schaut, und öffnete ihnen die Augen für die Schönheit des riesigen Stahlzylinders.

Und so war es überall. Die schlafenden Riesen wurden zu Stars. Es war nicht nur billiger, sie anstelle der Abrissbirne Natur und Kultur zu überlassen, es war auch gut so. Rund um die Hochöfen, diese begehbaren Stahlskulpturen, erobern Birken das Terrain zurück, Falken brüten in Schornsteinen. Eine leer stehende Krupp-Halle wurde zum Musicaltheater Essens. Ins Nachbargebäude zog Ikea. Einst verbotene Gebiete wie Duisburgs Innenhafen wurden Besuchermagneten. Renommierte Künstler wie Richard Serra stellten Skulpturen auf → Halden.

Vieles, was die IBA 1989–1999 in mehr als 100 Projekten säte, trägt heute Früchte. Ehemalige Zechenbrachen sind Parks. → Zollverein wurde nicht abgerissen, sondern Weltkulturerbe. 2010 ist das Revier → Kulturhauptstadt Europas.

Nun ist es nicht so, dass alle Bergleute zu Balletttänzern umgeschult würden. Viele Ruhrgebietsstädte haben Arbeitslosenquoten wie

Landschaftspark Nord in Duisburg

Einst ein Schandfleck, heute Flaniermeile und Visitenkarte der Stadt: der Duisburger Hafen

sonst nur Ostdeutschland. Doch die Menschen im Ruhrgebiet sind heute stolz auf die raue Ästhetik ihrer Heimat. Früher haben sie Fremden Schlösser und Seen gezeigt und gesagt: Das haben wir auch. Heute führen sie sie zu Fördertürmen und Maschinenhallen und sagen: Das haben nur wir! Die Touristen staunen und lassen Geld da. Es hat sich gelohnt, authentisch zu bleiben.

Die Zukunft im Land der Titanen bleibt spannend. Das neue Ruhrgebiet wird eine Erfindung des 21. Jahrhunderts.

Jamiri

Mit seinen nahezu fotorealistisch gezeichneten Comics gewinnt Jamiri eine immer größere Fangemeinde.

Bis vor einigen Jahren gab es in Essen ein Restaurant, in dem man von leibhaftigen Comicfiguren bedient wurde. Nicht von Fix und Foxi, sondern von Beate und Jamiri. Wobei Jamiri in Personalunion Restaurantbetreiber, Comiczeichner und -darsteller war.

Das mit dem Restaurant hat sich erledigt. Beate ist Jan-Michael Richter alias Jamiri mittlerweile angetraut, Comics zeichnet er noch immer, und zwar mit mächtig viel Erfolg. Spiegel Online, Unicum und etliche andere Medien veröffentlichen regelmäßig die Arbeiten des Essener Kommunikationsdesigners. In diesen geht's fast immer um – Jamiri. Sein Alter Ego, das in den knapp 20 Jahren seines öffentlichen Auftretens nicht zu altern scheint, lässt uns an seinem Alltag als Kneipier, Comiczeichner und Beatengatte teilhaben: Langzeitstudenten schwadronieren über das prinzipielle Paradoxon im Taoismus, das Bauprinzip des Kosmos und was sonst noch einem schnöden Kneipenabend dialektischen Glamour verleiht. Als Kontrast dazu erlebt »Space-Jamiri« pubertäre Weltraumabenteuer. Der fossile Fiat will mal wieder nicht so wie der Fahrer, und dann sitzt auch noch Gott auf dem Beifahrersitz und erzwingt eine Pinkelpause. Computer und anderes Handwerkszeug sabotieren die Arbeit. Und immer locken Drogen, Alkohol und das Weib.

Besonders bei Akademikern kommt der Antiheld gut an und bei allen, die

Unverkennbar – das Cover des Best-Of-Werks krönt Jamiri selbst, zusammen mit seiner Frau Beate.

die Essener Schauplätze der Strips und Cartoons wiedererkennen: die Kneipenmeile rund um den Isenbergplatz, die Rellinghauser Straße mit dem RWE-Turm im Hintergrund oder auch die → B1. Mehr noch als die Handlungen wirkt die Szenerie meist aus dem Leben gegriffen: Jamiri zeichnet oft über Fotos, gern in einem elaborierten, nahezu fotorealistischen Airbrush-Stil. 2008 erschien Jamiris Best-of-Album. 2009 warben seine Zeichnungen für die Kulturhauptstadt. Eine riesige Fangemeinde wartet gespannt, wie's weitergeht.

Kanäle

Industrie, Schiffsverkehr, Natur – und alles in einem Blick. So macht Angeln am Donau-Ems-Kanal Spaß.

Der Kohlenpott ist nicht die Côte d'Azur, das Revier nicht die Riviera, in Datteln wachsen keine Datteln und in Duisburg gibt's keine Dünen. Stimmt alles. So etwas wie ein mediterranes Lebensgefühl kennt der Ruhrgebietsmensch also lediglich aus dem verdienten Urlaub im Süden ... möchte man meinen. Doch die Wirklichkeit sieht etwas anders aus: Das Revier ist ziemlich nah am Wasser gebaut. Denn neben Rhein, Ruhr, Lippe und Emscher durchzieht ein dichtes Netz aus künstlichen Wasserstraßen die Region. Auf einer Gesamtlänge von gut 200 Kilometern. Im Westen vom Knotenpunkt Datteln aus, wo sich – einzigartig in Europa! – vier Kanäle kreuzen, bis zum größten Binnenhafen des Kontinents in Duisburg. Die Halbe-Million-Gemeinde im Westen des Potts darf sich eines weltwirtschaftlich bedeutsamen Hafens rühmen, der auch Landratten anlockt (Ausflugstipp: der modernisierte Innenhafen mit großem Gastro-Angebot).

Zurück zum Kanalnetz: Vom Ende des 19. Jahrhunderts an als alternativer Transportweg für Kohle, Erz und Stahl in die Landschaft geritzt, hat der Strukturwandel die feuchten Straßen ihrer ursprünglichen Funktion weitgehend beraubt. Ein Frachter-Stau ist hier mittlerweile so wahrscheinlich wie eine Krokodilkolonie in der Nordsee.

Das Quartett aus Rhein-Herne-Kanal, Wesel-Datteln-Kanal, Dortmund-Ems-Kanal und Datteln-Hamm-Kanal dümpelt jedoch keineswegs brackig vor sich hin. Wo lange Zeit nur eine Armada aus schweren Kähnen für Wellengang sorgte, haben heute Wassersportler und Hobby-Kapitäne ihr Revier abgesteckt. Es wird gerudert, gepaddelt und bei 12 km/h Höchstgeschwindigkeit gemütlich »übbern Kanal« geschippert. Kurzum: Längst haben sich die Wasserwege samt ihrer teilweise idyllischen Uferzonen zu Naherholungsschneisen gemausert – Radwege, Wiesen und beeindruckende Industriedenkmäler (z. B. das Schiffshebewerk Henrichenburg) inklusive.

Und um noch einmal den Vergleich mit dem mondänen Mittelmeer zu bemühen: Yachthäfen gibt's hier mittlerweile auch. Und für die Capri-Sonne muss der Skipper nur in die Kühltasche greifen.

Also: Watt willste Meer?

MIRAME

Kirmes

Um es auf eine kurze Formel zu bringen: Was dem Kölner der Karneval, das ist dem Ruhri der Rummel. Ach, schlimmer! Wo andernorts auf den Urlaub gespart wird, legt der Kohlenpottler sein »Kirmesgeld« auf die hohe Kante. Möglichkeiten, es unter die Leute (hier: Schausteller) zu bringen, gibt's im Revier reichlich: Mindestens einmal pro Jahr dreht sich in den Gemeinden zwischen Duisburg und Dortmund ein Karussell, weht Mandelduft durch die Luft, baumeln Lebkuchenherzen vor den mit Braugut und Backfisch geblähten Bäuchen. Der Rummel-Bummel ist für den Ruhrstädter Bürgerpflicht.

Und nirgendwo sonst wird der Autoscooter-Aushang »Junger Mann zum Mitreisen gesucht!« stärker als Verheißung eines Jobideals verstanden als hier. Wenngleich die Verwandlung eines Stadtviertels in eine einzige Partyzone manch einen erschaudern lässt.

An die Oberhausener Fronleichnamskirmes seiner Jugend erinnert sich der Autor Ralf Rothmann als ein »flackerndes, lärmendes Labyrinth, eine Hölle aus Zuckerwatte, Paradiesäpfeln, Schnaps, und wo sonst der Bus nach Bottrop hielt, stand jetzt die Geisterbahn« (aus dem Roman »Wäldernacht«). Jedoch: Eine Million Kirmesbesucher auf Europas angeblich größter Straßenkirmes können nicht irren. Sie können sich höchstens ein wenig verirren.

Gleich viermal so groß ist der jährliche Zustrom zur Cranger Kirmes. Die liegt quasi am anderen Ende der A 42 in Wanne-Eickel und darf sich zu den am besten besuchten Volksfesten des Landes zählen.

Über 500 Fahrgeschäfte und (Los-, Schieß-, selten noch Box-)Buden tummeln sich hier auf fünf Kirmes-Kilometern; vom Riesenrad aus bietet sich ein buntes Panorama über die 11.000 Quadratmeter Rummelfläche – mit allem, was den Geldbeutel erleichtert, das Herz begehrt und den Magen beschwert. In Crange wird der Lebensalltag für die Dauer

von zehn Tagen im August schlichtweg weggeschaukelt. Mit einer Fahrt in der Raupe, auf der Achterbahn oder einer anderen Hightech-Menschenschleuder. Und wenn dann zum Abschluss das traditionelle Feuerwerk in den Himmel steigt, darf man sich sicher sein: Schöner hat der Mond über Wanne-Eickel nie gestrahlt.

Zehn Tage dauert die Cranger Kirmes. Genug Zeit, das fast 11 Hektar große Volksfestgelände in Augenschein zu nehmen.

Klüngelskerl

Der Sound des Ruhrgebiets – man hat ihn zweifellos eher laut denn leise im Ohr. Wo einst Industrielärm die Kulisse bildete, fand Gedämpftes nur schwer Gehör. Der Ton im Revier ist herzlich – so weiß man –, aber rau und vernehmlich. Und doch kennt der Pott auch das Pianissimo, schafft sich hier mancher gerade mit lieblichem Klang Gehör. Wie die Blume den Asphalt, so durchdringt da unvermutet eine Melodie den tristen Alltagsschall: Flötenspiel, erst leise und fern, dann lauter und näher. Der Fremde mag sich wundern, dem Ruhri klingt's vertraut. Schon die Kinder wissen dann: Der Klüngelskerl kommt!

Wenn der Klüngelskerl mit Klingeln, Läuten oder Flötenspiel seine Ankunft ankündigt, findet auch endlich die rostige Schaufel einen Abnehmer.

Wenn sich ins Techno-Bummbumm der Tiefergelegten zart die Pfeife des Pan mischt und melancholisch vom »Einsamen Hirten« flötet, greift die Oma zur alten Pfanne, zum verbeulten Topf oder schickt Opa, den rostigen Spaten zu holen. Der Klüngelskerl kann alles gebrauchen – er lebt vom alten Eisen, macht Schrott zu klingender Münze. Einst kam er mit Pferdewagen und blies dabei auf der Blechpfeife. Später tuckerte er mit Dieselkraft durch die Straßen, die schleppende Fahrt stets ein Sinnbild für die Mühsal seines Broterwerbs.

Und dennoch ist der Klüngelskerl kein Auslaufmodell. Zwischenzeitlich so selten geworden wie der gemeine Spatz, erlebte die pfeifende Zunft im neuen Jahrtausend eine ungeahnte Renaissance. Chinas Stahlhunger machte Altmetall zum kostbaren Gut und löste auch im Revier einen wahren Schrottrausch aus. Das einstmals einsame Pfeifen schwoll zum Crescendo. Wobei sich manch schiefer Ton in den fahrenden Chor mischte. Zugegeben: Der Klüngelskerl musizierte nicht allezeit so lieblich wie eingangs etwas verblümt beschrieben. Was in jüngerer Zeit mitunter aus den Lautsprechern plärrt, krächzt und dröhnt gemahnt doch eher ans Klingelton-Spar-Abo als an liebliches Flötenspiel.

Allein, der Schrottmarkt ist so brutal wie jeder andere. Schon sind die Preise für Gebrauchtmetall wieder im Keller – und draußen pfeift es kaum noch. Dann und wann freilich, da hört man ihn noch heute in den Straßen des Reviers: den Klüngelskerl und seine Sehnsuchtsmelodien von einsamen Hirten und altem Eisen.

Altmetalle – die Einnahmequelle des Klüngelkerls

Knappenchor

Knappenchor, wie er im Buche steht – doch die Traditionschöre verwehren sich keineswegs den Trends der Moderne.

Wer bei Knappenuniform an schlecht sitzende Kleidung denkt und bei Knappenchor einen um Nachwuchs ringenden Gesangsverein im Sinn hat, ist falsch gewickelt. Der Knappe hatte den Gesellenbrief des Bergmanns in der Tasche und wenn er über gesangliches Talent verfügte, war er im Chor mit Gleichgesinnten willkommen.

Entstanden aus den Gesangsabteilungen der Bergmannsvereine, hat sich das Repertoire der Knappenchöre bis heute weiterentwickelt. War es zu Anfang traditionelles Liedgut, gibt es mittlerweile kaum einen Anlass, für den ein Chor der Knappen nicht das passende Programm zu bieten hätte. Geblieben ist zumeist die klassische Uniform und auch das Steigerlied beziehungsweise der → Steigermarsch erinnert noch an die eigenen Wurzeln, welche tief unter der Erde liegen. Wer von dort das schwarze Gold ans Tageslicht gefördert hatte, der sollte über Tage auch etwas Geselligkeit zum Ausgleich finden und sich den Staub von der Lunge singen. Weswegen die Chöre mehr als oft von der Zechenindustrie unterstützt wurden. Froh gestimmte Arbeitskraft hat eben seine Vorteile. Und »wo Musik ist, da lass dich ruhig nieder«. Je professioneller der Chor, desto subtiler die Musikstücke. Vom volkstümlichen Lied über Shantys bis hin zu Kunstliedern, Opern- und Operettenmelodien – heutzutage findet sich beinahe alles, was dem Publikum stimmkräftig dargeboten werden kann, im Repertoire der Knappenchöre. Als 2007 der Knappenchor Homberg e. V. sein 125-jähriges Jubiläum standesgemäß in der ausverkauften Duisburger Glückauf-Halle feierte, beklagte man aber auch den Mangel an Nachwuchs. Dabei ist es mittlerweile nicht mehr nur Bergleuten vorbehalten, sich in den geschichtsträchtigen Chören Gehör zu verschaffen. Möglicherweise schlummert hier ein ungeahntes Potenzial. Dass man schon bald Gangsta-Rapper in schwarzen Uniformen mit güldenen Knöpfen oder hip-hoppende Knappenbanden im Musikfernsehen kredenzt bekommt, ist allerdings nicht anzunehmen. Und auf die stimmliche Mitwirkung von Frauen wird man auch vergebens warten. Schließlich gibt es keine weibliche Form des Wortes Knappe, und Knäppin würde auch seltsam klingen.

Knebel, Herbert

Possenreißer gibt es viele im Revier. Dem Ruhrgebietler ist ja ein trockener Humor eigen, und mancher verdient inzwischen damit sein Geld. Der bekannteste unter ihnen, Hape Kerkeling, stammt zwar aus Recklinghausen, ist aber längst gen Spree aus- und nach Santiago de Compostela weitergewandert. Die Daheimgebliebenen beackern den Markt arbeitsteilig: Helge → Schneider ist u. a. fürs musikalisch Schräge zuständig, Atze Schröder fürs Prollige, Hagen Rether fürs Intellektuelle, Piet Klocke fürs Akademische, Dr. Ludger Stratmann fürs Medizinische und Fritz Eckenga fürs Fußballerische.

Essen – die Heimatstadt des Rentners Herbert Knebel

Keiner aber verkörpert das Ruhrgebiet so wie Herbert Knebel. Der Altenessener Rentner mit dem starken Wortfluss und dem billigen Outfit hat einst auf → Zollverein »die ganze Kohle weggekloppt – zum Dank hamse uns dann alle rausgeschmissen«. Er verabscheut Moden wie Piercing (»Wat ihr euch als letzten Schrei anne Backe nagelt, dat ist doch der alte Hut von die Naturvölker«) oder Golf (»kein Schiri, keine Seitenwahl, kein Anstoß – total langweilig«). Seine Freizeitgestaltung besteht aus Traditionspflege wie → Zocken, → Fußball, → Bier zischen und mit der Rauchergruppe ein paar Stangen wegstochen. Er ist aber Neuem gegenüber aufgeschlossen und isst schon mal »Bambi Goreng«.

Wie das Revier ist die Figur ein Widerspruch in sich, zugleich authentisch und surreal, herzlich und roh. Knebel hat zwei Väter: Der Fernmeldetechniker Uwe Lyko (geb. 1954) garantiert als Knebel-Darsteller neben rauer Stimme und ebensolchen Scherzen exzellente Live-Qualität, der Autor Sigi Domke überbordenden Klamauk und feinsinnigen Sprachwitz. Domke gehörte zur 1988er-Urformation von Herbert Knebels vierköpfigem Affentheater. Inzwischen konzentriert er sich aufs Texten, nicht nur für Knebel:

Seine Schwänke werden auch im → Mondpalast gespielt. Knebel-Geschichten gibt's in Buchform und im WDR, aber nichts geht über die Live-Auftritte von Lyko solo oder mit dem Affentheater. Den Herner Preis für Bühnenoriginale – »Tegtmeiers Erben« – mögen andere gewinnen. Doch hier gilt: : → Tegtmeier war groß, Knebel ist sein Prophet.

Kunst- und Kultfigur Herbert Knebel

Kohle

Von 600.000 Bergleuten, die einst im Bereich der Steinkohleförderung arbeiteten, sind heute gerade einmal 30.000 übrig geblieben.

Der Legende nach steht am Anfang ein Schweinehirt. Dieser entzündete im Muttental ein Lagerfeuer, dessen Glut sich außergewöhnlich lange hielt. Was da noch am nächsten Tag glühte, war nicht mehr Holz, sondern Steinkohle, die im heutigen Witten gleich unter der Oberfläche lag.

Der Abbau der »brennenden Steine« kam schon bald in fachkundige Hände. Im Mittelalter genügte es da noch, ein Loch in den Hang zu graben und zuzugreifen. Zu dieser Zeit war Steinkohle ein Brennmaterial für Arme: Wer hingegen was auf sich hielt, verfeuerte Holz. Als dann jedoch im 16. Jahrhundert die Wälder weitgehend abgeholzt waren, setzte sich Kohle als Brennstoff durch. Später fraß die Industrie sie millionentonnenfach – und machte es unumgänglich, dass Profis Schächte in den Boden trieben, um ergiebige Flöze zu erreichen. Schon 1616 berichtet ein Essener, dass »Steinkohlen wunderlicher Weise und mit großer Mühe und nicht ohne sonderliche Gefahr für der Bergknaben Leben gegraben« wurden. Je tiefer die Lage, desto besser die Qualität – desto aufwendiger aber auch der Abbau mithilfe von Sprengstoff, → Pferden und Maschinen, und desto höher der Preis.

Dieser Preis bestand auch in Menschenleben. Allein unter Bergkamen kamen 1944 bei einer Explosion 107 Bergleute um, 1946 beim nächsten Unglück 405 weitere. Auch Wassereinbrüche, Seilrisse oder Strebbrüche waren eine ständige Bedrohung: Zuletzt starben 1984 auf Zeche Consolidation in Gelsenkirchen fünf Kumpels.

Zu diesem Zeitpunkt machte der Aufwand den Ruhrbergbau bereits unrentabel. 2018 soll er

Bergleute des Bergwerks Walsum Zeche Voerde in der Schwarzkaue. Das Bergwerk Walsum stellte im Juni 2008 die Kohleförderung endgültig ein.

auslaufen. Nur noch knapp 30.000 Menschen arbeiten auf Steinkohlebergwerken, es waren einmal 600.000. Ihr Erbe wird dem Revier erhalten bleiben: Die Erinnerung an harte Arbeit für alle, an eine multikulturelle Zweckgemeinschaft, die zur Familie wurde. An das Revier als das industrielle Herz Europas. An schwarzen Regen, der Fassaden und Wäsche färbte. Fördertürme unter Denkmalschutz. Ein unterirdisches Labyrinth von Stollen bleibt als verbotene Stadt unter dem Revier. Und eine Handvoll Bergleute wird einfahren bis ans Ende der Zeit, um zum Schutz gegen Bergsenkungen Grundwasser aus den verlassenen Strecken zu pumpen.

Im Deutschen Bergbau-Museum Bochum wird die Geschichte des Kohle- und Eisenerzbergbaus lebendig gehalten.

Krupp

Der Großvater und Unternehmensgründer: Bankrotteur. Der Vater: ein Tyrann, der Belegschaft und Familie mit Zuckerbrot und Peitsche bei der Stange hält. Der Sohn: neurasthenisch, asthmatisch, introvertiert.

Als italienische Zeitungen berichten, er habe sich auf Capri mit Knaben vergnügt, wird er Opfer einer der ersten Pressekampagnen und stirbt mit 48 Jahren.

Alfred Krupp mahnte, die Arbeiter sollten sich vor allem nicht mit den Sozis einlassen: »Nach getaner Arbeit verbleibt im Kreis der Eurigen und sinnt über Haushalt und Erziehung.«

Seine Frau Margarethe lässt er zuvor in die Psychiatrie einweisen. Sein Enkel und Erbe: zweifach geschieden, SS- und NSDAP-Mitglied, 1945–1951 in Haft ...

Eine ganz normale Familie also, diese Krupps. Obgleich, ganz normal eben doch nicht, denn: Alle miteinander sind sie durch Waffengeschäfte reich geworden, sehr, sehr reich.

Dass revierweit Straßen, Plätze und Siedlungen nach ihnen benannt sind, liegt natürlich daran, dass die Familie Krupp keine Fritten-, sondern eine Waffenschmiede aufgebaut hat, von der jeder dritte Essener wirtschaftlich abhängig war. Und von sozialen Wohltaten und Mäzenatentum der Familie profitierten noch mehr. Krupp war einmal das größte Unternehmen Europas, zu Jubiläen erscheinen Kaiser und Kanzler.

Auch bei anderen Unternehmerfamilien im Revier war neben wirtschaftlichen, wissenschaftlichen und karitativen Errungenschaften nicht nur Glanz. Eberhard Hoesch war ein Industriespion und wurde groß mit von den Briten abgekupfertem Know-how, Emil Kirdorf hielt Demokratie für »Pöbelherrschaft« und Fritz Thyssen war Großsponsor der Nazis.

Für die, die unter diesen Leuten arbeiteten, war das Leben keine Seifenoper. Arbeit in den Konzernen war aber immer noch besser als anderswo und deshalb äußerst begehrt: Die Industriellen, Krupp voran, boten Wohnung, Rente, Krankenversicherung, Konsum-Läden. Das und das Kultursponsoring machen bis heute den Mythos von Krupp & Co aus, davor verblassen menschliche Schwächen.

Noch immer ist Krupp ein beliebter Arbeitgeber. Der Belegschaft wird jedoch nicht mehr bedingungslose Treue selbst nach Feierabend abverlangt wie seinerzeit von Alfred Krupp. Dieser mahnte, die Arbeiter sollten sich vor allem nicht mit den Sozis einlassen: »Nach getaner Arbeit verbleibt im Kreis der Eurigen und sinnt über Haushalt und Erziehung.«

Blick in das Mittelschiff der Werkstatt der Gussstahlfabrik Fried. Krupp in Essen um 1905.

Küche

Essen im Ruhrgebiet, das war entweder eine Stadt oder Kalorienzufuhr für schwer arbeitende Menschen. Weil die wenig Geld verdienten, musste es billig sein. Also kamen Kohl, Hülsenfrüchte und Kartoffeln auf den Tisch bzw. in den Henkelmann, den wärmespeichernden Blechbehälter, der gerade als Lunchbox Wiederauferstehung feiert. Das Gemüse bezog man gern aus dem eigenen Zwerggarten. Und ebenso das Fleisch – aus dem Kaninchenstall. Wolfram Siebeck, der im Revier geborene und aufgewachsene Restaurantkritiker, erinnert sich noch mit 80 fasziniert an flügelschlagend umherirrende Hühner, die der Vater geköpft hatte. Vielleicht ist es Siebecks bescheidener Herkunft geschuldet, dass er bis heute nichts umkommen lässt: »Außer den Haaren ist fast alles essbar von einem Viech.«

Flauschig und weich – und äußerst beliebt in der traditionellen Ruhrgebietsküche

Wer Traditionsrezepte sucht, muss sich mit rheinischer und westfälischer Küche beschäftigen. Vor der Erfindung des Ruhrgebiets wurde im Westen rheinisch gegessen (Reibekuchen, Sauerbraten, Himmel und Erde), im Osten westfälisch (Panhas, Schinken oder der federviehfreie Eintopf Blindhuhn). Pfeifenraucher aus Teig hießen im Osten Stutenkerle, im Westen Weck- oder Pumänner. Provinzübergreifend geschätzt wurde und wird Stielmus, eine Beilage aus gekochten jungen Blättern von Rüben oder Kohl.

Seit mehr als 150 Jahren aber ist das Revier ein Einwanderungsland. Masuren, Polen, Italiener, Türken und andere Zuwanderer brachten ihre eigenen Rezepte mit. Zögernd nur nahm die Mehrheitsbevölkerung sie an: Erst in den 1960er-Jahren eröffnete die erste Pizzeria im Revier, noch vor 25 Jahren musste man türkische Spezialitäten suchen.

Der kulinarische Kulturaustausch hat enorme Fortschritte gemacht. Heute gibt es gar ein Überangebot an orientalischen Fastfood-Läden und Schnellpizzerien. Das Revier wartet inzwischen mit einer großen Auswahl an Spezialitätenrestaurants unterschiedlichster Provenienz und Preisklasse auf.

Wie aber steht es um die Qualität? Um diese bemühte sich bereits lange vor Siebeck Henriette Davidis. Die Autorin des ersten deutschen Kochbuch-Bestsellers (1845) lebte in Sprockhövel und Dortmund. Doch wurde über Generationen auch das Ruhrgebiet in dicken Saucen ertränkt, wenige Schlemmer-

Die Imbissbuden-Betreiber Renate und Bernhard Bornhoff präsentieren an der Theke ihres wenige Quadratmeter großen Büdchens in Dortmund ihr Standardgericht: Pommes und die von Bernhard Bornhoff zubereitete Sauce.

Auch das kann Ruhrgebietsgastronomie sein: die Schmiede in Unna. Hier wurde der Sprung weg von der Currywurst erfolgreich bewältigt.

tempel ragten daraus hervor. Die → Currywurst galt eine Generation lang als kulinarisches Aushängeschild der Region.

Etwa seit der Jahrtausendwende breitet sich ein anderer Duft aus. Nicht mehr nur in Spitzenrestaurants bekommen Sie heute eine frische, perfekt zubereitete Mahlzeit. In Essen-Rüttenscheid, im Bochumer → Bermuda-Dreieck oder im Duisburger Innenhafen gibt es mehr Restaurants als Heinz-Ketchup-Sorten. Auf den Teller kommt wieder Regionales wie Zicklein, die »Bergmannskuh« – vor allem in besseren Häusern, die sich heute oft in Industriedenkmälern finden, vorneweg im Casino Zollverein in der sechs Meter hohen Kompressorenhalle des Weltkulturerbes.

Nicht nur in Lohnhallen, Speichern und Bahnhöfen ist die Aufenthaltsqualität gestiegen. Düstere Bierschwemmen wandelten sich zu Lounges. Die Außengastronomie boomt: Die Verwaltungen sind kooperativer geworden, die Luft ist seit dem Ende der Schwerindustrie besser, und so stehen heute auch in solchen Fußgängerzonen viele Tische vor der Tür, die einst nach Ladenschluss wie ausgestorben wirkten.

Einen guten Überblick verschaffen – ebenfalls unter freiem Himmel – die Fressfeste, die es mittlerweile in fast jeder Reviergemeinde gibt. »Essen … verwöhnt« hat den besten Ruf unter ihnen, zu Recht, denn auf Deutschlands längster Gourmetmeile bekommen Sie für acht Euro eine Kostprobe aus der Küche des Zwei-Sterne-Restaurants »Résidence« oder von »La Grappa« – laut vieler Gäste der »beste Italiener« in ganz NRW.

Rustikaler geht's zu beim jährlichen Pfefferpotthastfest in Dortmund. Das westfälische Ragout gibt es dort in vielerlei Variationen. Auf dem Alten Markt wird Agnes von der Vierbeckes gedacht: Am 3. Oktober 1378 soll sie versucht haben, feindliche märkische Soldaten nach Dortmund einzuschleusen. Agnes schickte die Wache am Stadttor fort, ihr »einen Topf Pfefferpotthast holen«. Die Dortmunder aber durchschauten das Manöver, verurteilten Agnes als Verräterin und verbrannten sie auf dem Alten Markt. Heutige Westfalen sind menschenfreundlicher: Für den Potthast werden nur Rinder geröstet.

neueschmie.de
EM'08
Live
bei uns
Happy Hour (Cocktail)
alkoholische 5,-
Coca-Cola

Kulturhauptstadt 2010

Verödete Anlagen sollen zu Produktionsstätten eines neuen urbanen Selbstverständnisses werden.

Seit Essen für das Ruhrgebiet zur Europäischen Kulturhauptstadt 2010 ernannt wurde, kocht der Pott. Alles, was entfernt mit Kultur zu tun hat, ja überhaupt jeder auszugebende Euro, wird seither von seinen potenziellen Nutznießern unter Verweis auf den Titel eingefordert.

Warum hat das Revier (neben dem ungarischen Pécs und Istanbul) den Zuschlag bekommen? Gute Gründe liefert die Jury, die das Revier unter allen deutschen Bewerbungen ausgesucht hat. Essen sei »Kristallisationspunkt der europäischen Diskussion über die Rolle der Kultur im Strukturwandel«. Nötig sei »eine kulturelle Neudefinition« und die »Bildung eines veränderten kollektiven Bewusstseins: Verödete Anlagen sollen zu Produktionsstätten eines neuen urbanen Selbstverständnisses werden«. Und: Essen für das Ruhrgebiet wird »die Kultur der europäischen Stadt um eine produktive Auseinandersetzung mit den Hinterlassenschaften der industriellen Urbanisierung erweitern«. Boah! Diese Argumente schlugen Bamberg, Potsdam, Görlitz und ein Dutzend anderer Städte aus dem Feld. Die EU schloss sich an.

Die »kulturelle Neudefinition« wird spektakulär inszeniert: Im Mai 2010 steigen über hunderten ehemaligen Bergwerksschächten riesige gelbe Heliumballone auf. Sie zeigen die Orte auf, an denen die Kumpel geschuftet haben, und zeichnen die Silhouette des Reviers nach. Eine »zweite Stadt« in 1000 Metern Tiefe soll den Besuchern das – künstlerisch zu gestaltende – geheimnisvolle Labyrinth unter Tage zeigen.

Künstliche Inseln bilden vor Essen-Werden ein Ruhr-Atoll und regen zum Nachdenken über Kunst und Energie an. Im Werdener Kloster (→ Liudger) wurde erstmals im Abendland über mehrstimmigen Gesang geschrieben; die Handschrift aus dem Jahr 900 bildet 2010 den Mittelpunkt mehrerer Musikreihen.

Lichtinstallationen, Lesungen, Tanz, Schauspiel, Gesang (wie der »Day of Songs« mit 65.000 Sängern und Sängerinnen in der Schalker Arena) laden zum Staunen ein. Nicht alles wird eigens für 2010 entwickelt, möglichst viel soll 2010 überdauern. Zahlreiche Museen renovieren, bauen aus (→ Folkwang) oder eröffnen neu, wie das Ruhr Museum auf Zeche → Zollverein, das als »Gedächtnis des Ruhrgebiets« die gesamte regionale Natur- und Kulturgeschichte präsentiert. Auch bereits existierende Veranstaltungen wie das Krimifestival »Mord am Hellweg« oder das Festival der Kulturen »Melez« sind eingebunden.

Am 18. Juli 2010 kommt der Verkehrsfluss auf der A 40 (→ B1) noch mehr zum Erliegen als sonst. Eine 60 Kilometer lange Tafel bringt dann Bewohner aus 170 Nationen zu einem »Stillleben«-Picknick zusammen. Und eine andere Verkehrsader des Reviers, der → Emscherschnellweg, soll zur »Parkautobahn« aufgehübscht werden.

Der Schatten einer Musikerin der Essener Barocksolisten zeichnet sich in Hattingen während des Neujahrsempfangs der Kulturhauptstadt Ruhrgebiet vor dem Logo von RUHR.2010 ab.

Die Programmmacher der RUHR.2010 GmbH unter der Leitung des ehemaligen WDR-Inten-

Inszenierung der »Ruhrknall Zuenfonie« in der Zeche Zollverein

danten Fritz Pleitgen und des einstigen Essener Kulturdezernenten Oliver Scheytt setzen auf »massen-attraktive Veranstaltungen«. Soll keiner sagen, die Kulturhauptstadt sei nur eine Selbstbeweihräucherung für die Bildungselite. Sich einbringen konnten alle, viele Programmpunkte gehen zurück auf die rund 2000 Vorschläge der Bürger. Und einbezogen werden schon die Kleinsten: Alle Erstklässler bekommen bis 2010 die Möglichkeit, ein Musikinstrument nach Wahl zu lernen.

Die Kulturhauptstadt soll mehr sein als ein zeitlich begrenztes Festival. Sie will die 53 Städte und unzähligen Aktivitäten vernetzen zu einer kulturellen Einheit, zur »Metropole Ruhr«. Unter dem Motto »Wandel durch Kultur – Kultur durch Wandel« soll sie Identität, Integration (also sozialen Zusammenhalt), Urbanität und Kreativität des Reviers vorstellen

Eines der Wahrzeichen der »kulturellen Neudefinition« des Ruhrgebiets. Mit diesem Konzept konnte die Jury überzeugt werden, Essen in Vertretung für das gesamte Ruhrgebiet zur Kulturhauptstadt 2010 zu wählen.

und befeuern. Dafür wollen Pleitgen und Scheytt einen Etat von 65 Millionen Euro zusammenbringen, überwiegend aus Steuermitteln, teilweise aus Sponsorengeldern. Die Bereitschaft der Revierkonzerne, sich zu engagieren, ist indes überschaubar. So wurden die Bürger aufgerufen, auch finanziell mitzutun und für 5000 Euro die Patenschaft für einen der Heliumballone zu übernehmen. Die globale Wirtschaftskrise sorgt für Zurückhaltung. Dabei, so rechnet Pleitgen vor, könnte RUHR.2010 so der Name des ehrgeizigen Projekts rund um die Kulturhauptstadt 2010 – Investitionen in Höhe von 300 Millionen Euro auslösen und bis zu 1000 Jobs schaffen.

Eröffnet wird das Jahr am 9. Januar mit einem großen Fest auf → Zollverein in Essen. 1500 weitere Veranstaltungen sollen folgen. Eine pralle Wundertüte also – so wie das Revier.

Landschaftspark Nord

Von Jonathan Park mit Lichtinstallationen effektvoll in Szene gesetzt: der Landschaftspark Nord, der zu einem Symbol des Strukturwandels geworden ist.

Scharfer Mauerpfeffer, Kompasslattich, Norwegisches Fingerkraut, Klebriger Alant, Echtes Johanniskraut: Mehr als 1800 Arten entdeckten Tier- und Pflanzenkundler, als sie vor einigen Jahren einem Aufruf der Zeitschrift »Geo« folgten. Einen Tag und eine Nacht gingen sie zwischen den ehemaligen Gießhallen und Hochöfen, in den Erzbunkern, auf dem Sinterplatz und entlang dem Lauf der alten Emscher auf Pirsch. Ihr Befund: Auf der ehemaligen Brache, die heute den Landschaftspark Duisburg-Nord bildet, zwischen Gemäuern und rostendem Stahl finden Exoten gute Chancen für einen Neuanfang. Und das bezieht sich nicht nur auf Pflanzen.

Notizbuchsprengend ist die kulturelle Vielfalt, die sich auf dem 1994 eröffneten Industriepark auf 200 Hektar bietet, das einmal eine Zeche, eine Kokerei und ein Hüttenwerk beherbergte. Letzteres ist das Kleinod des Geländes. Von Jonathan Park bonbonbunt ausgeleuchtet, gilt die Hütte als abendliche Reifeprüfung für Hobbyfotografen. Die Kraftzentrale ist ein renommierter Ort für Konzerte geworden. Taucher haben den Gasometer geflutet und in eine Unterwasserlandschaft verwandelt – inklusive havarierter Yacht und eines untergegangenen Kleinflugzeugs. In den Erzbunkern klettern die Mitglieder der örtlichen Sektion des Alpenvereins herum, und auf dem Hochofen 5 versammeln sich bei Sonnenuntergang die Industrieromantiker zum Händchenhalten. Mehr als eine halbe Million Besucher werden jährlich gezählt. Das 1985 stillgelegte Werk in Meiderich schaffte es zwischenzeitlich in der landesweiten Besucherstatistik auf Platz eins der Kulturlandschaften in NRW – noch vor dem Kahlen Asten und dem Drachenfels.

Wem das zu viel Rummel ist, dem seien die Parkausläufer im Westen und Osten empfohlen. Im Manganeisenlager darf jetzt geskatet werden, und jenseits der dauerhaft errichteten Zeltdisko findet sich die fast verwunschene, weite Brache der großen Zeche Friedrich Thyssen, die einst die Meidericher Hütte mit Brennstoff versorgte. Das Gelände endet jäh am Zaun eines weiteren Exoten: Ein schwedisches Möbelhaus hat sich hier einen Teil der Fläche erobert.

Liudger

Der Sohn aus besserem Hause war herumgekommen in der Welt: geboren in Utrecht, studiert in York, Fortbildungen in Köln und Rom. Erste Jobs in Friesland und auf Helgoland. Der Chef hielt große Stücke auf ihn.

Und jetzt saß er da unter düsteren Bäumen am Ruhrufer, ringsum nichts als Gestrüpp und dahinter sicher die Heiden. Seine Begleiter guckten schon wieder so skeptisch – wollte Liudger wirklich mitten im Dickicht ein Kloster gründen? »Was soll denn hier werden?«, riefen sie, und von den Höhen echote es »Werden! Werden!«. Für Liudger war damit auch die Namensfrage geklärt, und so entstand auf heutigem Essener Gebiet das Kloster Werden.

Ganz so wie in der Überlieferung wird es nicht gewesen sein, denn Liudger brauchte drei Jahre, um den Einheimischen ausreichend Land für seine Gründung im Jahre 799 abzutrotzen. Von »Schenkung« sprechen die Akten, freilich zu einer Zeit, als Karl der Große die frisch unterworfenen Sachsen mit dem Tode bedrohte für Vergehen wie Feuerbestattung, Fleischverzehr in der Fastenzeit oder Menschenfresserei.

Rings um das Kloster siedelten sich Handwerker an, um 805 war die Klosterkirche fertig. Von Werden und Münster aus – wo er Bischof geworden war – christianisierte Liudger große Teile Norddeutschlands. Beigesetzt wurde er auf eigenen Wunsch in Werden.

Um den verstorbenen Klostergründer entwickelte sich bald ein Kult, gefördert durch kluge PR über Wunder, die Liudger eigenhändig bewirkt haben soll. Bald galt er als Heiliger. Zwei Dutzend Kirchen wurden nach ihm benannt – und zahllose Jungs aus der Umgebung wie der Politiker Volmer, der Kabarettist Stratmann oder der Schauspieler Pistor. Schon bald kamen Pilger nach Werden – zum Beten und Geldausgeben. Sie förderten und manifestierten den Liudger-Kult, der bis heute Bestand hat. So werden seit 1128 Liudgers Gebeine jährlich in einer Prozession durch Werden getragen.

Und dennoch: Nach Liudgers Tod gerieten die Dinge etwas ins Stocken. Ein katholisches Ruhrbistum wurde erst 1958 gegründet. Und zuvor machte sich sogar die Reformation breit – bis in Essens Marktkirche. Deren Kanzel peitschten die Katholiken 1628 aus, um die Ketzerei auszutreiben. Mit mäßigem Erfolg: Das Gotteshaus ist bis heute evangelisch. Und was wurde aus Liudgers Kloster in Essen-Werden? Nicht religiöse, sondern künstlerisch-musische Belange stehen hier im Mittelpunkt: Das Gebäude ist heute Sitz der Folkwang-Hochschule für Tanz, Musik und Schauspiel.

In Liudgers Kloster ist heute die Folkwang-Hochschule zu Hause.

Merkez-Moschee

»Das Wunder von Marxloh« nannte es die Presse beinahe einstimmig.

Der Leuchter, der dem großen Raum sein Zentrum gibt, ist schwer wie ein Kleinwagen und bietet auf seinem weiten Rund ausreichend Platz für die 99 Namen des Herrn. Wer sie alle nennt, so heißt es, der gelangt ins Paradies. Darüber, im Zentrum der Kuppel, steht Vers 255 aus der 2. Sure geschrieben: »Gott, es gibt keinen Gott außer Ihm, dem Lebendigen, dem Beständigen«. Goldene Lettern auf purpurnem Grund. Osmanisches Leuchten im Schatten der Hochöfen. »Das Wunder von Marxloh« nannte es die Presse beinahe einstimmig.

Nicht die Schönheit der Duisburger Zentral- bzw. auf Türkisch Merkez-Moschee ist freilich das Wunder. Als im Oktober 2008 die Würdenträger von Politik und Kirche zur Einweihung schritten, lagen beinahe konfliktfreie Jahre hinter der DITIB-Gemeinde, die Trägerin des Projekts ist.

Konnte das sein? Da wird eines der größten muslimischen Gotteshäuser bundesweit gebaut, das ein Minarett hat, satte 34 Meter hoch, und 19 Kuppeln: Und kein Mensch regt sich auf? Nun wurde im Duisburger Norden schon lange gen Mekka gebetet. Jeder dritte Bewohner des Ortsteils ist Migrantenkind, und die dortige DITIB-Gemeinde existierte bereits 20 Jahre. Bergleute der ehemaligen Marxloher Zeche hatten damals die stillgelegte Kantine übernommen und für ihre Gottesdienste genutzt. Beste Voraussetzungen also für ein offenes Miteinander auf Augenhöhe. Alle möglichen Probleme räumte ein Beirat beiseite, in dem auch Politik und Kirchen frühzeitig mitwirkten.

Bei so viel Harmonie mag man schon an Bekehrung glauben, wenn sich sogar ein Solinger Bauunternehmer an der Errichtung beteiligte, der in der Vergangenheit eher durch latente Fremdenfeindlichkeit aufgefallen war. Fällt der Blick dann aber noch auf die zeitgleich vorangetriebenen Projekte, in Essen oder Dortmund etwa, wo der Konsens deutlich schwerer herstellbar war, dann wird klar: Wunder gibt es auch im Ruhrgebiet nicht alle Tage.

2008 fand die Einweihung der Merkez-Moschee in Duisburg statt.

Mondpalast

So ist das mit Klischees: Erst ärgern sie einen, dann werden sie zum Running Gag, und irgendwann macht man seinen Frieden damit und eine Marke daraus.

Wanne-Eickel: Heimat des Pferdemarkts und der Cranger → Kirmes! Einst die Stadt mit der größten Bevölkerungsdichte Europas! Drehort von Marius Müller-Westernhagens erstem Spielfilm! Heimat der Künstlerkolonie auf der Zeche Unser Fritz, Heimat auch von Eiskunstläufer Rudi Cerne und Sängerin Andrea Jürgens!

»Komödien aus dem Ruhrgebiet und nichts anderes. Das ist unsere Marke.«

Aber nein, davon spricht niemand. Nur vom Mond von Wanne-Eickel. 1962 brachten Friedel Hensch und die Cyprys einen Schlager heraus, in dem es hieß: »Nichts ist so schön / wie der Mond von Wanne-Eickel / die ganze Luft / ist erfüllt von ew'gem Mai / und jede Nacht / am Kanal von Wanne-Eickel / ist voller Duft / wie die Nächte von Hawaii.«

Friedel & Co hatten nichts mit Wanne-Eickel zu tun, der Ortsname passte zufällig gut auf den ursprünglich französisch betexteten Tangorhythmus. Und Sarkasmus in Sachen Revier war gerade en vogue. Georg Kreisler z. B. hatte noch im Jahr zuvor Hohn über »Gelsenkirchen« ausgeschüttet: »Wer zu lang dort lebt, bekommt beim Atmen leichte Krämpfe / aber wer lebt dort schon lang?«

Schon wenige Jahre später hatte sich Wanne-Eickel mit dem neuen Ruhm ausgesöhnt. Das Presseamt der bis 1975 selbstständigen Stadt soll sogar Platten mit dem Schlager an offizielle Besucher verschenkt haben.

Da war es pfiffig, dass Christian Stratmann sein neues Theater »Mondpalast« nannte, als er den ehemaligen städtischen Saalbau übernahm. Stratmann hatte zuvor mit seinem Bruder Dr. Ludger Stratmann sehr erfolgreich in Essen ein Privattheater betrieben. 2004 eröffnete Christian das Haus von 1911 als »Volkstheater« wieder, mit 500 Sitzplätzen deutlich größer als etwa das Hamburger Ohnsorg-Theater (389 Plätze).

Seither zeigt Stratmann Revierschwänke aus der Feder von Sigi Domke: »Komödien aus dem Ruhrgebiet und nichts anderes. Das ist unsere Marke. Wir bedienen in erster Linie Klischees: Typisches Ruhrgebietspersonal wie der Bergmann, der Taubenzüchter und der Fußballfan treten bei uns auf.«

Das Konzept geht auf: In den ersten drei Jahren, die seit der Eröffnung vergangen sind, konnte der Mondpalast schon 180.000 Besucher verbuchen.

Szenenprobe zu »Ronaldo und Julia« – einem der Erfolgsstücke im Mondpalast

Moorhuhnjagd

Ende des letzten Jahrtausends überzog eine wahre Epidemie das Land. Ihre Erreger waren schnell ausgemacht: Moorhühner! Die eigentlich harmlosen Flattermänner vermehrten sich schlagartig, drangen in Haushalte und verstärkt auch Büros vor. Dort ließen sie sich per Schrotflintensalve millionenfach in die ewigen Jagdgründe befördern, um schon wenig später – kuckuck – dreisterweise ihre Wiederauferstehung zu feiern. Keimzelle der virtuellen Seuche war nicht die Tundra mit ihren Sümpfen (Heimat der putzigen Moorschneehühner, lat.: Lagopus lagopus), sondern eine Software-Schmiede im Herzen des Ruhrgebiets.

Alles begann mit einer Schnapsidee, und das im wahrsten Wortsinn. Denn ursprünglich war die Computerhatz auf die schnatternden Zielscheiben nur als Werbegag für einen schottischen Whisky-Hersteller konzipiert worden. Doch schon bald erwies sich das virtuelle Spiel der Bochumer Firma Phenomedia als echte Erfolgsnummer – mit erhöhtem Suchtpotenzial und zahlreichen Nebenwirkungen: So gesellten sich zu Gelenkschmerzen im Arm, lahmenden PC-Mäusen und akutem Zeitverlust zunehmend auch Veränderungen im Sozialverhalten (»Jetzt nicht! Ich knacke gerade den Highscore!«). Mitunter drohte die Verwandlung emsiger Büro-Angestellter in professionelle Moorhuhn-Tötungsmaschinen gar die Betriebsumsätze in der freien Wirtschaft zu gefährden. Naja, ein klein wenig jedenfalls.

Mittlerweile hat sich das Jagdfieber etwas gelegt. Ausgestorben sind die Moorhühner hingegen noch lange nicht. Mehr als 30 Versionen und teilweise abstruse Spezialeditionen des Ballervergnügens (»High Huhn«, »Moorhuhn Mah-Jongg«) fliegen nach wie vor durchs Netz. Und auch Konsolenspieler wollen den zähen Vögeln ans Gefieder. Unter Beschuss gerieten überdies zwei ehemalige Manager: Sie kamen wegen Manipulationen an der Börse (»Wir haben ein Spiel gespielt, Monopoly, nur mit echtem Geld«) vor Gericht und ins Gefängnis. Schlussendlich muss ja doch immer irgendeiner Federn lassen.

Drei als Moorhühner verkleidete Jecke im Karneval. Das in der Natur so friedfertig und possierlich daherkommende Tier kannte zumindest in der virtuellen Welt seit Ende der 1990er Jahre eigentlich nur noch ein Schicksal: in die ewigen Jagdgründe geschickt zu werden.

Nena

Nena, Neue Deutsche Welle, Hagen: Das ist ein Dreiklang. Aus Hagen stammen etliche NDW-Größen: Extrabreit, Inga und Annette Humpe – und Gabriele Susanne Kerner, genannt Nena.
Der Spitzname stammt aus einem Spanienurlaub. Die Einheimischen rufen sie »niña«, kleines Mädchen, Familie Kerner macht Nena daraus. Nena lernt Goldschmiedin, kellnert, singt. Jobbt in Berlin bei Jim Rakete, dem Spliff-Manager. Und Spliff-Musiker produzieren 1982 eine Single mit ihrer Band Nena.
»Nur geträumt« steigt auf Platz 2, »99 Luftballons« wird 1983 ein Nummer-1-Hit, auch in vielen nicht deutschsprachigen Ländern. Das Album – es heißt natürlich »Nena« – führt ebenfalls die deutsche Verkaufsstatistik an. Weitere Hits folgen, und auch, was muss: Titelgeschichten, Bravo-Starschnitt (Nena in kurzem Rock und weißen Socken), Kinoklamotte (»Gib Gas – Ich will Spaß«). Überraschend ist der Erfolg in den USA. Die Luftballons steigen selbst dort steil, die Amerikaner kichern über das Achselhaar des German Girl, Journalisten schwadronieren vom neuen Fräuleinwunder.
Worauf beruht der Welterfolg? Natürlich auf der Herkunft aus dem Ruhrgebiet.

Nena bei einem Auftritt 1984 in Frankfurt am Main – da waren Leopardenhosen und Schweißbänder noch en vogue.

Wennze nich schwitzt, is keine Abbeit – und so rackert Nena die Bühnen rauf und runter und trägt mehr Aerobic-Schweißbänder auf als Jane Fonda. Wie wir alle im Revier arbeitet auch Nena mit Kollegen: Ihr Keyboarder Jörn Uwe Fahvrenkrog-Petersen schreibt die meisten Hits, darunter »99 Luftballons«, den Text verbricht Nenas Gitarrist Carlo Karges. Und wie alle Revier-Frauen sieht Nena spitze aus.

Lange nach der Neuen Deutschen Welle schafft Nena ein Comeback, 2005 gar einen weiteren Nummer-1-Hit mit »Liebe ist«. Im Übrigen macht sie auf sich aufmerksam durch Kinderlieder, die Begründung einer Schule und ausgesprochen ruppigem Umgang mit Interviewern. Die schreiben dann zum Beispiel in Spiegel Online: »Souverän verbindet sie die Rhetorik des Schlagers mit der Ästhetik des Rock und übersetzt dessen überholte Herz-Schmerz-Romantik in die blumige Sprache moderner New-Age-Aktivistinnen.«

Nena wird drüberstehen. Allein seit »Liebe ist« räumte sie fünfmal Gold und einmal Platin ab. Die Goldschmiedin hat halt ein Händchen für Edelmetall.

Sprung ins neue Jahrtausend geschafft – und immer noch gefragt: Nena während eines Konzerts im Jahre 2008 in der Zitadelle in Berlin.

Oberhausener Manifest

Das deutsche Nachkriegskino hatte vor allem eine Aufgabe: vergessen machen. Die Trümmer, den Muff, das Klo auf dem Hof. 1962 hatten die jungen Kreativen genug von Schwarzwaldmädeln und Weißen Rössln. Auf den 8. Westdeutschen Kurzfilmtagen in Oberhausen erklärten Alexander Kluge, Edgar Reitz und 24 weitere Filmschaffende: »Papas Kino ist tot.« Die »Oberhausener Gruppe« konstatierte auf einer Pressekonferenz in einem »Oberhausener Manifest« den »Zusammenbruch des konventionellen deutschen Films« und beanspruchte nichts weniger als »den neuen deutschen Spielfilm zu schaffen«.

Heute gilt die Veröffentlichung des Oberhausener Manifests als Geburtsstunde des »Jungen deutschen Films«.

Die Rebellen fühlten sich berufen. Sie konnten eine stattliche Liste von Preisen vorlegen, die sie als Autoren, Regisseure oder Kameramänner (Frauen waren keine beteiligt) erhalten hatten. Es war kein Zufall, dass das Manifest in Oberhausen vorgestellt wurde, der Heimat des mittlerweile langlebigsten Kurzfilmfestivals der Welt: Die internationale Kritik würdigte insbesondere Kurzfilme junger Deutscher. »Diese Arbeiten und ihre Erfolge zeigen, dass die Zukunft des deutschen Films bei denen liegt, die bewiesen haben, dass sie eine neue Sprache des Films sprechen«, heißt es im Manifest. Der neue Film brauche neue Freiheiten »von den branchenüblichen Konventionen, von der Beeinflussung durch kommerzielle Partner, von der Bevormundung durch Interessengruppen«.

1962 wurden die 26 Filmemacher dafür angefeindet. Heute gilt die Veröffentlichung des Oberhausener Manifests als Geburtsstunde des »Jungen deutschen Films«. Der Autorenfilm setzte sich durch mit neuen Inhalten und Formen: Er sollte die Welt realistisch zeigen, das Innenleben seiner Figuren offenlegen und sich mit dem gesellschaftlichen Wandel beschäftigen. Das verlangte dem Publikum eine aktive Auseinandersetzung statt bloßen Konsums ab – was nicht unbedingt Kassenschlager garantierte. Zur Finanzierung gründeten Mitglieder der Oberhausener Gruppe darum eine Stiftung, die noch heute als Kuratorium junger deutscher Film »künstlerisch potentem Nachwuchs die Chance gibt, sich zu entfalten«. Seit 1965 fließt zudem Staats(genauer: Länder)knete.

Fünf Jahre nach der Darlegung des Oberhausener Manifests im Jahre 1962 erhielten drei der unterzeichnenden Filmemacher in der Deutschen Oper Berlin die Bundesfilmpreise verliehen. Es sind: Peter Schamoni (2. v. l.), Rob Houwer (3. v. l.) und Alexander Kluge (5. v. l.).

Pferde

Westfalenland ist Pferdeland. Das war schon so, als Herzog Widukind nach seiner Taufe 785 seinen Rappen gegen einen Schimmel eintauschte. Pferde gab es reichlich im heutigen Ruhrgebiet, sogar wilde: Im Emscherbruch lebten noch um 1840 die letzten Exemplare des Emscherbrücher Dickkopps. Jahrhundertelang wurden sie in Crange verkauft; aus dem Pferdemarkt entwickelte sich die Cranger Kirmes. Zuvor wurden die Pferde von sogenannten Strickern mit dem Lasso eingefangen.

Wenn man altem Bergmannsgarn glauben darf, konnten Grubenpferde zählen: Hängte man ihnen mehr Wagen an als üblich, verweigerten sie die Arbeit.

Aus dem Jahr 1909 ist ein Bericht erhalten über den letzten Pferdestricker. Der Borbecker Greis soll gern seine schlecht verheilten Knochenbrüche und von Pferden getretenen Zahnlücken gezeigt haben.

Was von den Emscherbrüchern übrig blieb, kam nach Dülmen und mischte sich mit Kontinentaleuropas letzter Wildpferdeherde. Das Herner Wappen hält die Erinnerung an sie lebendig.

Wie überall wurden Pferde auch an der Ruhr als Reit- und Zugtiere gehalten. Doch gab es hier einen besonderen Bedarf: Vor der Erfindung des Motors zogen sie von Treidelpfaden längs des Flusses aus an Seilen Kohlenkähne.

Unter Tage schufteten sie als »Kumpel auf vier Hufen« neben den Bergleuten. Zu Tausenden fuhren Grubenpferde ein, an Gurten hängend. Über Tage kamen die meisten erst nach Unfällen wieder »pfundweise«, wie es hieß. Dann gab es in der Kantine tagelang Sauerbraten oder Gulasch.

In den engen Schächten waren besonders kleine, stämmige Rassen gefragt. Sie zogen bis zu zehn Förderwagen. Wenn man altem Bergmannsgarn glauben darf, konnten sie zählen: Hängte man ihnen mehr Wagen an als üblich, verweigerten sie die Arbeit.

Das letzte Grubenpferd des Reviers war ein Wallach namens Tobias. Er ging 1966 in Rente – nicht in die Wurst, denn er genoss noch vier Ruhestandsjahre auf einem Bauernhof. Damit endete die mehr als hundertjährige Geschichte der Grubenpferde an der Ruhr. Ein Modell von Tobias aber begrüßt noch immer die Besucher des Bergbaumuseums Bochum.

Und die Reiterhöfe des Reviers, ganz zu schweigen von der 100 Jahre alten Rennbahn in Gelsenkirchen, halten die Unpaarhufer weiterhin auf Trab.

1957: Bergarbeiter neben einem Grubenpferd, das nach Jahren im Bergbau außer Dienst gestellt wird.

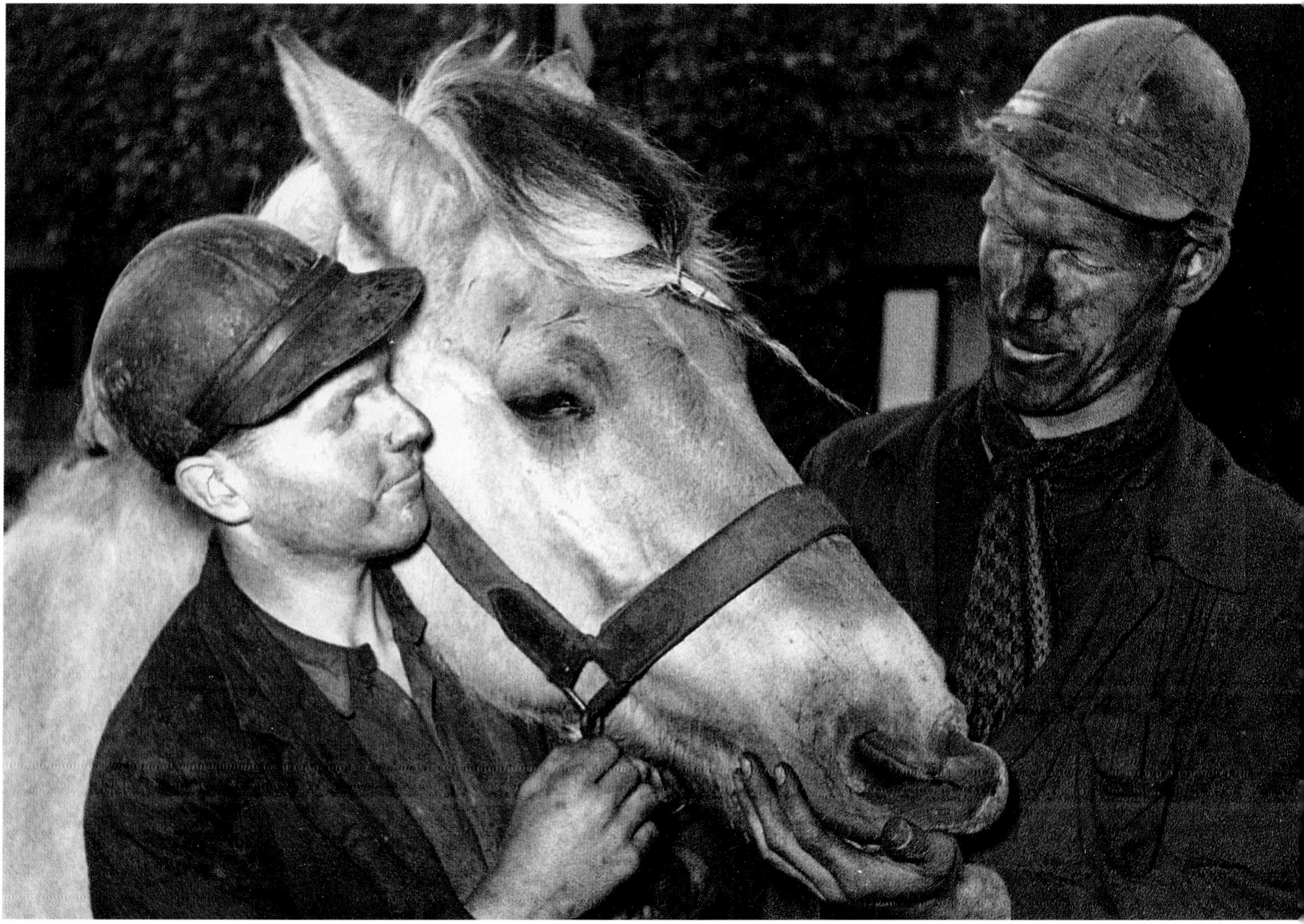

Ruhr

Der Schriftsteller Karl Emerich Krämer brachte es 1969 auf den Punkt: »Das Ruhrgebiet hat der Ruhr nicht nur den Namen, sondern auch die Schau gestohlen.« Jörg Bartel, der NRZ-Feuilletonchef, nennt die Ruhr »vielleicht den ungerühmtesten Fluss Deutschlands«. Da ist was dran. Es gibt Lexika, da wird »Ruhr« zuvorderst als Infektionskrankheit definiert und erst dann als Fluss. Google findet unter »Ruhr Krankheit« mehr Einträge als unter »Ruhr

Schon 1969 wusste man die Ruhr zu schätzen – als Ausflugs- oder Urlaubsziel. Das hat sich bis heute nicht geändert. Denn wo sonst lässt sich das Feierabendbier besser genießen als an den Ufern des Flusses?

Fluss«. Viele befassen sich lieber mit anderer Leute Darmreizungen als mit der reizenden Namensgeberin unserer Region.

Die kennen sie halt nicht, die Ruhr. Die ahnen nicht, wie romantisch der Blick von Burg Wetter auf den Harkortsee und das umgebende Fachwerkidyll ist. Denen würde nicht einfallen, den Ruhrtalradweg entlangzuradeln, vorbei an Fördertürmen und Wasserburgen, an Schilf und Kohleflözen. Die haben nie eine Paddeltour rund um die Brehminsel gemacht oder auf dem selbst gebauten Floß von Hattingen bis Bochum. Am Ufer gepicknickt, Mensch und Kormoran beim Fischen zugeschaut, im Strandbad Sonne getankt. Die wissen nicht, wie romantisch es an der Ruhr ist.

Die Romantik ist unbestreitbar. Aber wie sieht es mit Fakten aus? Da wird es schwierig, ange-

Ruhr-Viadukt: Insgesamt 20 Bögen überspannen das Ruhrtal in Witten.

fangen mit den Maßen der Schönen. Schlängelt sie sich nun über 214 Kilometer (Brockhaus), über 217 Kilometer (Wikipedia englisch: Ruhr) oder 221 Kilometer (Wikipedia deutsch: Ruhrquelle)? Beim Ruhrverband, wo sie es wissen

Idylle in Mülheim an der Ruhr

müssen, haben sie sich auf 219 Kilometer Länge festgelegt. Wie lang der Weg auch sein mag, die Ruhr überwindet darauf 657 Meter Höhenunterschied. An der Quelle füllt sie gerade eine Sprudelflasche pro Sekunde, an der Mündung rauschen in der gleichen Zeit 80.000 Liter in den Rhein – und das, obwohl mehr als fünf Millionen Menschen aus ihr Trinkwasser beziehen, 600 Milliarden Liter jährlich inklusive des industriell genutzten Wassers. Regen und Nebenflüsse sorgen für Nachschub.

Auch wenn viele Schulexkursionen dorthin führen: Der Anfang ist unspektakulär. Jeder Fluss fängt mal klein an, aber die Ruhr quillt einfach aus einem Gebüsch im Hochsauerland hervor, auf dem Ruhrkopf in 674 Metern Höhe. Dort gibt es weitere Bächlein. Dass die Ruhr den Durchbruch aus dem Gebirge geschafft hat und nicht die Namenlose oder die Neger, sorgt für Erleichterung beim Regionalmarketing: »Ruhrgebiet« klingt in Anbetracht der Alternativen gar nicht schlecht.

Es gibt Lexika, da wird »Ruhr« zuvorderst als Infektionskrankheit definiert und erst dann als Fluss.

30 Kilometer von der Quelle entfernt ist aus dem Rinnsal bereits ein veritabler Fluss geworden. Durch Talsperren wird er zu Seen gestaut. Und die sorgen seit gut hundert Jahren für gleichbleibenden Nachschub und machen das Revier zu einem der wenigen Ballungsräume, von denen aus man theoretisch in den Bade- wie in den Skiurlaub radeln kann.

Was hat sich nicht alles an ihren Gestaden abgespielt: Nach einer Schlacht gegen die Römer begruben der Sage nach die Chatten ihre Toten an der Uferstelle, an der seit dem Mittelalter der brombeerumrankte Kettwiger Kattenturm steht. Die Franken bauten vorgeschichtliche Befestigungen auf den Ruhrhöhen zu Burgen aus. In Rellinghausen wurden der Hexerei Verdächtige ins Wasser geworfen: Wer nicht ertrank, konnte das nur dem Teufel verdanken und landete auf dem Scheiterhaufen. Die Straße »Hexentaufe« erinnert an dieses martialische Schauspiel. Der Alte Fritz ließ die Ruhr schließlich schiffbar machen. Im 19. Jahrhundert war der Fluss zeitweilig sogar Deutschlands bedeutendste Wasserstraße. Damals wucherte die Industrie und zog immer mehr Menschen an: Die Bevölkerungszahl explodierte; an der Ruhrmündung entstand der noch heute größte Binnenhafen Europas.

Im Jahre 1911 beschrieb der Ökologe August Thienemann die Ruhr als »braunschwarze Brühe, die stark nach Blausäure riecht, keine Spur Sauerstoff enthält und absolut tot ist«. Diese Zeiten liegen nicht so weit zurück wie die Hexenverfolgungen; 2006 wurden erhöhte Werte von perfluorierten organischen Tensiden (PFT) in der Ruhr entdeckt.

Dennoch wird die Ruhr weiter wachgeküsst. In Mülheim an der Ruhr geschieht das mithilfe des »Ruhrbania«-Projekts: Unter dem Motto »Wohnen, Arbeiten und Erleben am Wasser« legen die Mülheimer eine neue Ruhrpromenade an und rücken ihre Innenstadt an das bisher verbaute Ufer der romantischen Schönen.

Der Kemnader See ist der jüngste der insgesamt sechs Ruhrstauseen. 1979 fertig gestellt, ist er heute ein beliebtes Freizeitziel.

Ruhrdeutsch

Eine gute Gelegenheit, dem Charme des Ruhrdeutschen zu erliegen, bieten die Trinkhallen des Reviers.

Des Ruhrdeutschen Unkundige bezichtigen selbiges, eine primitive Sprachschlamperei von minderbemittelten Dat- und Watsagern zu sein, die mit der Grammatik auf Kriegsfuß stehen. Gefehlt, weit gefehlt! Denn das Ruhrdeutsche kennt allerfeinste Nuancen, die etwa dem Hochdeutschen fremd sind. An der Ruhr kann ein großes Ding ein Trumm sein, menschlicher Kawenzmann, unförmiger Apparillo, langer Prengel, einschüchternder Brackmann, belustigender Ömmes oder Oschi. Dieses fein abgestufte Vokabular lässt auch jeden Grad der Schmähung zu: Sind »Schlawiner« oder »Heiopei« noch als durchaus freundschaftliche Anrede zu verstehen, so ist bei »Pannemann« Vorsicht geboten und bei »Paselacke« oder gar »Hackfresse« ein unverzüglicher Ortswechsel.

Unter Tage war es angezeigt, ein »Würdest du mir bitte den großen Hammer reichen?« zu verkürzen zu »Gipma Mottek!«.

Ruhrdeutsch ist mithin eine eingängige und zugleich komplexe Sprache. Vielleicht deswegen streiten sich Sprachwissenschaftler, ob es sich um einen Dialekt, einen Regiolekt, einen Soziolekt, um Slang oder schlicht um Umgangssprache handelt.

Einig sind sich Experten und Praktiker, dass das Ruhrdeutsche Ende des 19. Jahrhunderts aus diversen Sprachen hervorgegangen ist: aus dem westlich von Essen verbreiteten Rheinisch (nä) und dem östlicheren Westfälisch (woll) mit Einsprengseln aus den Muttersprachen vieler Einwanderer. Böll nannte es »ein verstädtertes Westfälisch, mit zahlreichen Idiomen gefärbt, mit Rotwelsch, Jiddisch, Polnisch und Ostpreußisch«. Von den aus dem Polnischen eingewanderten Lehnwörtern sind nur mehr wenige in Gebrauch: Matka (dicke Frau), Mottek (dicker Hammer) und Pusemuckel, das anderswo Kleinkleckersdorf heißt und zurückgeht auf das reale Podmokle, ein Dorf bei Posen. Die Türken brachten neben dem Schimpfwort Eschek (Esel) den Frauennamen Ayshe mit, der dem vertrauten Ische für die Partnerin klanglich recht nah kommt. Weniger populär ist die Schickse, die wie die Maloche, der Massel und sein Gegenteil, der Schlammassel, aus dem Jiddischen respektive Hebräischen übernommen wurde.

West
Tabakwaren
Zeitschriften
West
LANGNESE
LANGNESE
Bild
und andere
Zeitungen
hier erhältlich
LANGNESE

Schwätzchen im Garten der Gelsenkirchener Siedlung Flöz Dickebank: Auch hier wird Sprachpflege betrieben.

Wuchert das Vokabular des Ruhrdeutschen in multikultureller Fülle, so ist seine Grammatik eher karg. Sie kommt mit nur zwei Fällen aus: dem Nominativ und dem Akkusativ. Sie ersetzen Dativ und Genitiv, ohne dass die Verständigung beeinträchtigt würde: »Gip mich die Kirsche!« Selbst der Vokativ (Anredefall) wird vom Akkusativ geleistet, lieben Leser.

Die kürzeste Verbindung zwischen zwei Punkten ist die Gerade, zwischen Mensch und Sachverhalt das Ruhrdeutsche.

Auch beim Satzbau zeigt sich ökonomischer Umgang mit der Sprache. Unter Tage war es im Gebrüll der Maschinen angezeigt, ein »Würdest du mir bitte den großen Hammer reichen?« zu verkürzen zu »Gipma Mottek!«. Solche Rudimentärsyntax hat sich übertragen ins Private: »Kommsse Kinno?« Die kürzeste Verbindung zwischen zwei Punkten ist die Gerade, zwischen Mensch und Sachverhalt das Ruhrdeutsche. Auch lästige Adjektive spart man ein durch Konstruktionen wie »die zue Tür« oder »die wecke Fleppe« (die verlorene Fahrerlaubnis); wer »ne Uhr um hat«, hat folglich eine umme Uhr.

Reich ist das Ruhrdeutsche – wie das Englische, aber anders als das Hochdeutsche – an Verlaufsformen: Wir sin Ruhrdeutsch am lernen. Diese Art, einen länger dauernden Vorgang zu beschreiben, wird von der Ruhr mittlerweile ins gesamte westliche Deutschland exportiert. Ähnlich wie in Berlin mischt man im Revier die Vergangenheitsformen großzügig, Imperfekt wird zum Plusquamperfekt, dat war schon immer so gewesen. Und das »Berliner Er« ist genauso häufig im Revier anzutreffen; Bäckerin zum Brötchenkäufer: »Ich tu' ihn ma no eins dabei.«

Die Mehrzahl wird im Ruhrdeutschen gern durch ein angehängtes s gekennzeichnet – wie in Kinders. Apropos: Für alles niedliche Kleine steht wie im Niederdeutschen die Silbe -ken bereit (Mäusken), für die niedlichen Kleinen eine Fülle von Begriffen wie Blagen, Köttel, Ösken, Rotzige, Ullige.

Die Aussprache aller dieser Formen ist wiederum ein eigen Ding. In der einen oder anderen Sittewazion erfährt manches Fremdwort eigenwillige Lautung. Städtenamen und andere Hauptwörter werden zwischen Doatmund und Düüsbuach meist »mit weckem R« ausgesprochen. Und die uns schon aus der Grammatik bekannte Sprachökonomie lässt schon mal eine Silbe abhanden kommen. Dat kannzonich machen? Kannze allet.

Un dat is den Pudel sein Kern.

Ruhrfestspiele

Der Gründungsmythos des ältesten Theaterfestivals Europas wird immer wieder gern erzählt und geht so: Der Winter 1946/47 war sehr kalt. In Hamburg ging der Brennstoff aus. Frierende Hamburger kamen auf die Idee, Kohle beim Erzeuger abzuholen. In einem Lkw mit Holzvergaser fuhren sie ins Ruhrgebiet und bogen von der Autobahn ab, als die Recklinghäuser Zeche König Ludwig in Sicht kam. Bergleute halfen ihnen, von den britischen Besatzern unbemerkt Kohle aufzuladen. Für die solidarische Hilfe versprachen die Nordlichter eine ungewöhnliche Gegenleistung: Theateraufführungen, denn die Hamburger waren Beschäftigte der Staatsbühnen. So geschah es. Im Sommer 1947 gab im Städtischen Saalbau Recklinghausen die Hamburgische Staatsoper »Figaros Hochzeit«, 150 Schauspieler – bei Recklinghäuser Familien einquartiert – boten ein mehrtätiges Festival unter dem Motto »Kunst für Kohle«.

Prominente Besetzung im Rahmen der Ruhrfestspiele 2008: Jeff Goldblum (li.), Laura Michelle Kelly und Kevin Spacey.

Die Stadt Recklinghausen und der Deutsche Gewerkschaftsbund machten aus der einmaligen Soli-Aktion eine Dauereinrichtung. Die Künstler suchten die Begegnung mit den Arbeitern, zwei Drittel der Karten gab es über die Gewerkschaften. Hamburgs Bürgermeister Max Brauer schwärmte von »Festspielen inmitten der Stätten harter Arbeit, im Kohlenpott vor den Kumpels«.

Doch die Zuneigung war langfristig betrachtet nicht unbedingt gegenseitig. Der Arbeiterschriftsteller Hans Dieter Baroth erinnert sich, dass er und die anderen Bergleute die Klassikerschinken nicht mochten. Sie empfanden

»Iphigenie auf Taurus« als »Quasselstück« und mussten förmlich ins Theater kommandiert werden. In der Pause flohen sie in die Kneipe. Zeitgemäßer wurden die Inszenierungen im neuen Ruhrfestspielhaus, 1965 eingeweiht und zustande gekommen dank des Spendensammlers Theodor Heuss. Spätestens Hansgünther Heymes Festspielleitung (1990–2003) brachte dem Festival internationale Relevanz. Berühmte Schauspieler wie Kevin Spacey und Ethan Hawke, aber auch das »Kulturvolksfest« am 1. Mai ziehen wieder Massen zu dem sechswöchigen Kulturereignis nach Recklinghausen. Die Ruhrfestspiele blühen wieder. Die Zeche König Ludwig hingegen stellte 1965 die Förderung ein.

Ruhrfestspielhaus in Recklinghausen – eine der Spielstätten der Ruhrfestspiele

Schalke 04

Schalke-Fans mit Schals und Meisterschalen. Letztere blieb dem Verein seit 1958 verwehrt.

Schalke ist ein Mythos. Weltbekannt. Denn Schalke 04 ist ein Relikt einer untergegangenen Zeit, einer Männerwelt, die immer Originale hervorgebracht hat. Schalker Geschichten handeln von Männerschweiß und nie von Frauen, meist von Helden. Wie den Vereinsgründern: Sie kicken in Hinterhöfen. Viele Spieler kommen aus Bergmannsfamilien, sie werden »Knappen« genannt wie die ausgelernten Bergleute.

Die Brüder Hans und Fred Ballmann bringen aus Großbritannien eine neue Taktik mit: kurze, schnelle Pässe. Die Bergmannssöhne Ernst Kuzorra und Fritz Szepan perfektionieren sie zum »Schalker Kreisel«. In den 1920er- bis 1940er-Jahren spielt Schalke damit alle Gegner schwindelig. Ausgerechnet in Nazi-Deutschland gehören Spieler mit Namen wie Burdenski, Kalwitzki, Tibulski zu den besten Fußballern. 1934 wird S04 erstmals Deutscher Meister. Bislang sechs weitere Meistertitel folgen, zuletzt 1958.

Die Schalker machen nicht nur mit Toren Schlagzeilen. 1930 nehmen sie Geld fürs Siegen (als Amateure! Skandal!), 1971 fürs Verlieren (Betrug! Skandal!). Der Schatzmeister ertränkt sich 1930 im Kanal. Geld ist ein Problem in der armen Stadt. Kuzorra war hauptberuflich Pächter eines Tabakladens; später übernahm der Nationalspieler Reinhard »Stan« Libuda den Laden, heute wird er von Gerd Nowak geführt, einem weiteren Ex-Profi.

Das ist das Geheimnis von Schalke: Idole zum Anfassen. Man arbeitet zwar nicht mehr gemeinsam unter Tage. Aber man kann mit ihnen fürs Foto posieren oder im Vereinslokal Schulter an Schulter auf kleine Fußbälle im Urinal pinkeln. Manche Fans kommen groß raus wie der Mannschaftsbetreuer Charly Neumann, wie Trompeten-Willy, der das Team mit »Attacke«-Fanfaren nach vorne peitscht, oder »Asi Erich«, ein Alt-Fan mit schadhaftem Gebiss, aber intakter Begeisterung, der im Stadion als »Fußballgott« gefeiert wird und oft königsblau ist. Treue zählt und nicht, wann man wieder Meister wird. Seit 1973 die Glückauf-Kampfbahn aufgegeben wurde, spielt Schalke nicht mehr auf Schalker Boden. In der Schalker St. Josephs-Kirche aber gibt es nach wie vor eine Glasmalerei, die St. Aloys in blau-weißen Fußballschuhen zeigt.

F.C. SCHALKE 04
SCHALKE 04
RUHRPOTT
F.C. SCHALKE 04
DIE BESTEN IM REVIER
IMMER NOCH AUF
DFB-POKALFINALE
SCHALKE 04
BLAU-WEISS DER SINN DES LEBENS
FC Schalke 04
EINMAL SCHALKE - IMMER SCHALKE
TRADITIONSVEREIN SEIT 1904
AUF!
SCHALKE 04
LASS MICH NICHT
FC Scha

Schanzara, Tana

Die Rollen ihres Lebens sind die zupackenden Ruhrpott-Muttis, Kittelschürzen-»Ommas« und Putzfrauen mit großem Herz und großer Schnauze.

Zu Lebzeiten wurde Konstanze Schwanzara alias Tana Schanzara als »Ruhrpott-Duse« gefeiert. Aber nur von den Feuilletons, denn dass Eleonora Duse die berühmteste Schauspielerin der vorvergangenen Jahrhundertwende war, weiß kaum jemand mehr. Im Ruhrgebiet aber kennt noch heute jeder Tana Schanzara als »die Perle vom Pott«.

Tana kommt in Kiel zur Welt. Ihre Eltern, ein Opernsänger-Paar, haben ein Engagement in Dortmund. Im Rheinland nimmt sie Schauspielunterricht und hat erste Engagements.

Seit 1956 gehört sie zum Ensemble des Bochumer Schauspielhauses, lebenslang. Hier arbeitet sie mit so unterschiedlichen Intendanten wie Zadek, Peymann oder Haußmann. Sie reift zum Publikumsliebling heran.

Die Rollen ihres Lebens sind die zupackenden Ruhrpott-Muttis, Kittelschürzen-»Ommas« und Putzfrauen mit großem Herz und großer Schnauze – auf der Bühne und in 70 Film- und Fernsehrollen. Sie spielt in Adolf Winkelmanns »Jede Menge Kohle« ebenso wie in Detlev Bucks »Männerpension«, im »Polizeiruf 110« wie im »Tatort«. Im Theater glänzt sie in »Dinner for One« und »Arsen und Spitzenhäubchen«.

Das Publikum liebt ihre Liederabende, vor allem »Solo für Tana«. 1970 hat sie einen Hit mit »Vatter, aufstehn!«. Noch mit 82, schwer krank, tritt sie auf. Ruhestand kommt nicht infrage, denn dann »würde ich ja nur noch 'rumliegen und Rotwein trinken«.

Tana kann aber auch ernst. Für ihre Darstellung einer heruntergekommenen Säuferin in Peter Turrinis »Tod und Teufel« am Burgtheater wird sie zur Schauspielerin des Jahres 1990 gewählt. Andere Ehrungen folgen: Verdienstorden und Verdienstkreuz, der Titel »Bürgerin des Ruhrgebiets«. Immer wieder lässt sie sich für Wohltätigkeitsaktionen einspannen. Ihre Tierliebe ist sprichwörtlich. Sie rettet Hunde vor dem Labor. Mit ihnen lebt sie allein in Herne, bis sie schließlich krankheitsbedingt in ein Altenstift umziehen muss.

Am 19.12.2008, ihrem 83. Geburtstag, stirbt Tana Schanzara. Als ein Bochumer Kino kurz nach Weihnachten ihren letzten Spielfilm zeigt, blieb kein Stuhl frei. Fast jeder ruft ihr die Schlussworte von »Vatter, aufstehn!« nach: »So, getz kannze liiegen bleiben!« Es ist zärtlich gemeint.

Tana Schanzara, die »Perle vom Pott«

Schimanski

Scheiße.

So, jetzt ist es gefallen, das böse Wort, das 1981 für so viel Aufregung sorgte. Der neue Tatort-Kommissar fiel damals jedoch nicht nur durch derbes Vokabular auf. Er war nachlässig gekleidet und schlecht rasiert, raufte sich und biss Bierflaschen auf. Zudem sah das Duisburg im Tatort wie das reale Duisburg der 1980er-Jahre aus: überwiegend grau, schmutzig, arm.

Der neue Tatort-Kommissar war nachlässig gekleidet und schlecht rasiert, raufte sich und biss Bierflaschen auf.

Die Würdenträger der Stadt tobten, der WDR wurde mit Protestanrufen bombardiert. Die Neue Ruhr Zeitung forderte: »Werft den Prügel-Kommissar aus dem Programm!« Als ob sich der Alltag der Kripo derrickesk im gehobenen Millieu Münchner Villenbewohner abspielte.

Doch fanden sich genug Fans, die den Folgen mit dem Duisburger Kriminalhauptkommissar neben hohem Unterhaltungswert atmosphärische Dichte und Wahrhaftigkeit zubilligten.

Schimanski, dargestellt von dem Berliner Götz George in einer Produktion der Münchner Bavaria-Studios, wurde zur Identifikationsfigur des Ruhrgebiets: Der zupackende Sohn des Reviers mit unbändigem Freiheitsdrang und proletarischen Wurzeln steht auf der Seite der grundanständigen einheimischen Malocher und misstraut dem Big Business.

1997 sagt Schimanski zu linken Terroristen: »Habt ihr wirklich dran geglaubt, dass ihr die Welt mit Gewalt verändern könnt? Ihr seid die nützlichen Idioten für die Law-and-Order-Typen, auf euch haben sie gerade gewartet.« Dann gibt er ihnen mit auf den Weg: »Ihr müsst die Bomben in den Köpfen der Leute zünden, nicht unter ihren Ärschen!«

Osama bin Laden nimmt sich das nicht zu Herzen, schlüpft aber für Bekennervideos gern in die aus dem Tatort bekannte US-Feldjacke M-65 alias »Schimanski-Jacke«.

29 Tatort-Folgen, dazu eine 15-teilige »Schimanski«-Filmreihe, Popsongs, ein Roman und nicht zuletzt ein Theaterstück verherrlichen den einst Ungeliebten; die Jusos wollten ihn

1992 gar zum Namensgeber der Duisburger Uni machen (der Kartograf Gerhard Mercator wurde es dann). 2008 wählten Krimi-Fans Schimmi zum beliebtesten Tatort-Fahnder.

Götz George selbst nannte die Schimanski-Jahre rückblickend »die schönsten, die anstrengendsten und die erfülltesten Jahre in meinem Leben«.

1981: Götz George als »Tatort«-Kommissar Schimanski mit Eberhard Feik als Thanner im Duisburger Hafen

Schneider, Helge

Helge Schneider – ein Mann mit vielen Talenten

Er gewährt uns nur zwei Optionen: Entweder man liebt ihn heiß und innig oder man zeigt ihm ablehnend die kalte Schulter. Helge Schneider, 1955 in Mülheim an der Ruhr geboren, verweigert sich kompromisslos allen lauwarmen Emotionsabstufungen. Genauso wie sich seine »Kunst« einer erschöpfenden Analyse entzieht. Ist es Dada? Ist es kindliche Banalität? Oder gar Gesellschaftskritik im Mantel köstlichen Schabernacks? Wir müssen nicht verstehen, was er da macht. Doch was er macht, macht er unnachahmlich gut. Eben damit hat sich der verschrobene Meister des Absurden – gewollt oder ungewollt – zum wichtigsten Humor-Botschafter des Reviers aufgeschwungen.

Wenn man die anarchische Bühnenarbeit dieses Ausnahmemusikers beschreiben will, drängt sich einzig die Analogie zum Jazz auf: Bei Helge Schneider gibt es viel Raum für Improvisation, spontane Tempowechsel, wiederkehrende Motive und auch ein paar Dissonanzen. Oder anders: Man stelle sich vor, Thelonious Monk hätte, statt wie ein Derwisch sein Piano zu traktieren, Geschichten erzählt. Am Ende wären wohl Programme wie »Akopalüze Nau«, »Wullewupp Kartoffelsupp« oder »Füttern verboten!« herausgekommen. So aber musste die Welt noch ein wenig ausharren, bis »Die singende Herrentorte« Mitte der 1980er-Jahre erstmals einen Platz auf der deutschen Humor-Landkarte beanspruchte.

Am klarsten offenbart sich Schneiders Genie jedoch nicht in seiner Musik (»Katzeklo«), in seinen unkonventionellen Filmen (»Texas«), Bühnenplaudereien (»Der viereckige Hai«) oder Büchern (»Zieh dich aus, du alte Hippe«). Es sind vielmehr seine frühen Hörspiele, die als Skurrilitätenkabinett aus sinnentleerten Allgemeinplätzen, missglückten Kommunikationsversuchen und schrägen Persiflagen daherkommen. Und nicht zuletzt auch in seinem zeichnerischen Werk zeigt sich seine Meisterschaft: Wie Schneider mit schnellem Strich das Wesen des Ruhrgebiets und seiner Originale einfängt, ist ungemein entwaffnend – ein Heinrich Zille aus dem Pott. Oder um es in ein Adjektiv zu kleiden, dessen Einzug in die deutsche Sprache längst überfällig ist: einfach »schneideresk«.

Schrebergärten

Schmale Wege, winzige Häuschen, enge Umzäunungen – ein Spaziergang durch die Kleingartenanlagen der Region mutet unweigerlich wie eine Reise durch Jonathan Swifts Liliput an. Da drängt sich die Frage auf: Wohnen hier etwa die Gartenzwerge? Ja und nein.

In der Tat bewachen rotmützige Gnome jede zweite Rasenfläche. Trotzdem sind in den putzigen Parzellen mit den hutzeligen Hütten keine Zwerge zu Hause. Nein, der kleine Mann genießt hier die freien Stunden. Und zwar im großen Stil: Ein wenig wie Camping ist das, mit Grillgelagen, Deutschlandfahnen und Sonnenbädern. Nur ohne lästigen Anreisestress.

Der Kleingärtner ist so etwas wie der Biobauer der ersten Stunde.

120.000 Kleingärtner sind in NRW beheimatet, organisiert in gut 800 Vereinen. Inzwischen haben die Neuen Bundesländer dem Ruhrgebiet zwar den Rang abgelaufen, doch wer die Augen aufhält, entdeckt hier quasi an jeder Ecke die nächste Schrebergartenkolonie.

Das gilt besonders für Dortmund – in der Westfalenmetropole findet man revierweit die höchste Dichte an organisierten Laubenpieper-Gemeinden. Nicht zufällig gibt es dort auch die älteste Anlage (»Schrebergarten 06«) der Region, die zudem über einen eigenen U-Bahn-Anschluss verfügt. Nicht für Maulwürfe wohlgemerkt. Sondern für Menschen, die sich an der Stadtoase aus sprießenden Sprossen, Stauden und Sträuchern ergötzen dürfen.

Obwohl: Historisch waren die Anlagen weniger fürs Auge gedacht, sondern für den knurrenden Magen. Zu Hochzeiten der Ruhrindustrie (und schmaler Haushaltskassen) setzte der Arbeiter verstärkt auf Selbstversorgung. Also Schnibbelbohnen und Sellerie von der eigenen Scholle. Schmeckt ja auch viel besser. Und man weiß, was drin ist. Der Kleingärtner, so etwas wie der Biobauer der ersten Stunde.

Verstärkt kommt den Schrebergartenanlagen auch die Rolle eines Integrationszentrums zu. Immer mehr Einwandererfamilien entdecken die heimeligen Mini-Paradiese für sich. Auf fruchtbarem Kohlenpottboden, zwischen Kohlköpfen und Knallerbsen, gedeihen auch Knoblauch und Zucchini. Kurzum: In der Kolonie vermischen sich nicht nur Pflanzen, sondern auch Kulturen. Also alles im grünen Bereich.

»Laubenpieper« bei Frühjahrsarbeiten in seinem Schrebergarten in Wanne-Eickel

Siedlungen

Der Schichtdienst in den Hochöfen und Bergwerken bestimmte ab Mitte des 19. Jahrhunderts für lange Zeit den Rhythmus des Ruhrgebiets. Geblieben sind verwaiste Industriedenkmäler – aber auch die Arbeitersiedlungen mit ihrem nach wie vor regen Gemeinschaftsleben. Gleichwohl haben nicht alle Kolonien den Strukturwandel überdauert. So wurde mit der einst beschaulichen Unionvorstadt in Dortmund eine der wohl schönsten Siedlungen des Reviers 1961 dem Erdboden gleichgemacht.

Dem Widerstand der Bewohner ist es zu verdanken, dass die Siedlung Rheinpreussen in Duisburg-Hochheide heute noch besteht.

Dass der ältesten Kolonie des Ruhrgebiets in Oberhausen-Eisenheim ein ähnliches Schicksal erspart blieb, ist ihren Bewohnern und ihrem Zusammenhalt zu verdanken. 1846 auf einem sumpfigen Ackerland nahe der Gutehoffnungshütte errichtet, drohte den insgesamt 38 verbliebenen Bauten Anfang der 1970er-Jahre die Abrissbirne. Doch die Eisenheimer begehrten auf. Der nachbarschaftliche Kampf zeigte Erfolg: Mittlerweile stehen die einstigen Wohnstätten der Stahlkocher und Kumpel unter Denkmalschutz.

Zwischen urigen Häuschen, gestutzten Hecken und verwinkelten Hinterhofwegen findet man in Eisenheim, aber auch in anderen Siedlungen (»Kappeskolonie« in Bochum, »Flöz Dickebank« in Gelsenkirchen) den rauen Reviercharme in bestens konservierter Form vor. Fast mutet es an, als würden vor den Backsteinhaus-Kulissen gängige Ruhrgebietsklischees bewusst mit Leben gefüllt: Zwar wacht am Fenster in der Regel nicht mehr der

Ruheständler im Feinripp, sondern gern mal ein Lehrer, aber auf den Dachböden gurren noch immer die Tauben, und vor der Tür flüstern sich Frauen in Kittelschürzen Kolonie-Klatsch zu. Kurzum: Wenn dem Herzschlag des ursprünglichen Ruhrgebiets überhaupt noch irgendwo gelauscht werden kann, dann hier.

Um das Jahr 1900 hausten in Eisenheim rund 1200 Arbeiter mit ihren Familien sowie zahlreichen »Kostgängern« (so nannte man Untermieter) und natürlich einer »Bergmannskuh« (Ziege). Heute sind es weit weniger Einwohner; umso mehr Fremde finden den Weg in die Siedlung.

Die verbliebenen Zeugnisse der Kulturlandschaft Kohlenpott ziehen pro Jahr mehrere Tausend Touristen nach Eisenheim. Also Gasthörer, wenn man so will.

Die Siedlung Margarethenhöhe im gleichnamigen Essener Stadtteil – 1906 gestiftet von Margarethe Krupp, der Gattin des Unternehmers Friedrich Alfred Krupp

Stahl

Es gab eine Zeit, da war der Himmel nächtens rot über dem Ruhrgebiet. Egal wann man hinausblickte: In irgendeiner Himmelsrichtung gab es immer einen Abstich am Hochofen. Und wenn der weit über tausend Grad heiße Stahl Funken sprühend durchs Werk floss, erhellte sein Widerschein die umliegenden Viertel: »Das Christkind backt Plätzchen.«

Der Takt bestimmte den Ablauf der Schichten, und die Schichten bestimmten den Rhythmus der Stadt. »Du hast'n Pulsschlag aus Stahl, man hört ihn laut in der Nacht«, sang Herbert → Grönemeyer über Bochum. Aber das war damals schon mehr Beschwörungsformel als Tatsachenbericht.

Nach dem Zechensterben der 1960er- und 1970er-Jahre erwischte es auch die Stahlkocher. Die enge Verbindung aus Kohle, Koks und Stahl, der einstige Standortvorteil des Ruhr-Reviers, zog nun nicht mehr. Die neuen Schmieden entstanden in den Häfen, in Rotterdam oder Ijmuiden, wo das Produkt direkt verladen werden konnte. Einstige Absatzmärkte rüsteten auf und begannen, ihr eigenes Metall zu schmelzen – allen voran China. Und so kommt es, dass Thyssen-Krupp, Deutschlands Marktführer mit den beiden Traditionsnamen des Reviers, im internationalen Vergleich mittlerweile gerade mal Platz 14 einnimmt. Und das, obwohl in Duisburg das größte Stahlwerk der Welt zu finden ist.

Thyssen und Krupp, Haniel und Stinnes – die Unternehmen der großen Stahlbarone des Ruhrgebiets – hatten zunächst am Ausbau der Eisenbahn im 19. Jahrhundert verdient und vor dem Ersten Weltkrieg daran mitgewirkt, das Revier zur Waffenschmiede des ganzen Kontinents aufzubauen. Nach dem Zweiten Weltkrieg flossen Ströme von Stahl in den Wiederaufbau. Dann kam die Krise. Als das Werk in Rheinhausen 1987 zumachen sollte, gingen Zehntausende auf die Straße. Bergleute aus allen Teilen des Reviers schlossen sich dem Protest an. Und dennoch: 1993 war Schluss. Auch die Lichter der Gutehoffnungshütte in Oberhausen gingen aus. Namen wie Hoesch und Mannesmann verschwinden im Zuge der Fusion in Tochterunternehmen. Von einst 150.000 Arbeitsplätzen sind 30.000 übrig geblieben. Der von Grönemeyer besungene Pulsschlag aus Stahl hat an Kraft verloren – langsam und ruhig verhallt er heute in der Nacht.

Hochofenabstich in einem Thyssen-Werk

Starlight Express

Geburtstagsvorstellung des Starlight Express: 2008 konnten 20 Jahre erfolgreiches Bestehen des Musicals gefeiert werden

Er rollt und rollt. Wo andere Show-Vehikel bereits nach wenigen Monaten abgewrackt werden, dreht der »Starlight Express« ungebremst seine Runden durch Bochum. Merke: Der Ruhrgebietler an sich ist ein treuer Menschenschlag, auch als Kulturkonsument. Denn bereits seit 1988 ruckeln Rusty, Greaseball und ihre stählernen Freude wie auf Schienen und haben den Dauerbrenner damit zur weltweit erfolgreichsten Show an einem festen Standort gemacht. Zumal nicht viel Fantasie nötig ist, Andrew Lloyd Webbers Maschinenmärchen als Analogie aufs Revier und seine Bewohner umzudeuten: Der »Starlight Express« qualmt und rattert wie ein Hochofen auf Rädern; und es kullert noch echter Schweiß (Kostüme wiegen bis zu 18 Kilo) über die rußgeschwärzten Darstellergesichter. Das ist Arbeit, die man noch sehen kann. Das kommt an, selbst wenn eigentlich nur im Kreis gefahren wird.

Rund zwölf Millionen Zuschauer haben in 20 Jahren eine Fahrkarte für den »Starlight Express« gelöst und das Ensemble durch die Reihen fegen sehen. Die eigens für die Show konzipierte Halle am Stadionring macht es möglich, dass die Dampfrösser quasi mitten durch den Zuschauerbereich düsen – auf funkensprühenden Discorollern. Die zeitgemäßeren Inlineskates sind für die Darsteller tabu. Rusty-Darsteller Bernie Blanks, lange Zeit Publikumsliebling: »Die gesamte Choreografie basiert darauf, dass wir mit den Stoppern vorne an den Rollschuhen arbeiten. Und die gibt es bei Inlinern nicht.« Und gottlob ist es dank der Stopper bislang eher selten zu schweren Unfällen gekommen – ein Arm- und ein Beinbruch einmal ausgenommen.

Die Sicherheit gewährleisten auch fleißige Putzkräfte, die in den Showpausen die Rollbahnen abfeudeln. Aus gutem Grund: Wenn die Darsteller über die Bühnenbauten sausen, könnte schon ein winziges Steinchen den »Starlight Express« entgleisen lassen. Als Dankeschön dürfen sich die dienstbaren Geister bei jeder Vorstellung kurz im Scheinwerferlicht sonnen, was ihnen unter den Fans des Musicals eine gewisse Popularität eingebracht hat. Wo sonst noch verteilen Putzfrauen Autogramme?

Steigermarsch

Drei Bergleute der Zeche Dahlbusch in Gelsenkirchen, die am 12.05.1955 gerettet wurden.

Die Bayern haben die Bayernhymne (»Gott mit Dir, Du Land der Bayern«), die Hessen das Hessenlied und die Sachsen – genau. Das Revier ist kein Land, sondern nur so 'n »Gebiet«, und seine Hymne heißt Steigermarsch.

Während der Text etwa der hessischen Hymne nur durch massiven Äppelwoi-Missbrauch verständlich wird (»Gott grüße dich, Heimat, der Seligkeit Pfand: unsterbliches Vaterland Hessen!«) und die Franken um Rehabilitation flehen (»Verzeih' mir Durst und Sünde«), ist der Steigermarsch von geziemender Sachlichkeit. In dem mindestens 330 Jahre alten Text wird in schlichten Worten die Arbeit der Bergleute und ihres Vorgesetzten, des Steigers, beschrieben: »Glück auf, Glück auf! Der Steiger kommt, und er hat sein helles Licht bei der Nacht schon angezündt'.« Von Kohle ist freilich nicht die Rede, sondern von Edelmetallen, aber der Bergmannsgruß »Glück auf!« wird entboten; er besagt: Komm gut wieder hoch!

Ob tatsächlich im Bergwerk oder in der Wurstfabrik, kein Auftritt des verstorbenen Landesvaters Johannes Rau kam ohne den Marsch aus.

Daher ist der Steigermarsch in allen Bergbauregionen Deutschlands zu Hause. Offizielle Weihen aber erhielt er nur im Saarland und eben im Revier. Ob tatsächlich im Bergwerk oder in der Wurstfabrik, kein Auftritt des verstorbenen Landesvaters Johannes Rau kam ohne den Marsch aus, gern vorgetragen von → Knappenchören. Auch vor Heimspielen hiesiger Fußballmannschaften und den Konzerten Herbert Grönemeyers wird er angestimmt.

Apropos: Musikalisch hat sich das Revier bedeutend weiterentwickelt. Damit sind nicht nur Klassik und Moderne in den Konzerthäusern gemeint, sondern auch Pop. Neben → Grönemeyer und → Nena gehören zu den musikalischen Exporten des Reviers unter anderem Stefan Stoppok, Gitarren-Guru Peter Bursch, Phillip Boa & The Voodooclub. Führend sind Revier-Bands in Sachen Trash Metal: So dreckig wie Kreator oder Sodom gibt es kaum einer aufs Ohr. Und die rege Revierpunkszene ist textlich bisweilen ganz nah am Steigermarsch, der nur in der Ruhrgebietsversion ein Bekenntnis zum »Schnaps saufen« enthält.

Tegtmeier, Adolf

Jürgen von Manger in seiner Paraderolle als Adolf Tegtmeier

Adolf Tegtmeier war ein Sohn des Reviers: Schlicht das Äußere, kreativ die Grammatik, herzlich die Familienbindung: »Fünf Mann hoch, die Omma au‘ no‘ mit bei. Die zwei Kleinen: Die Roswitha geht in der Schule und die Elvira geht mit ein Gastarbeiter. Politisch sind wir astrein – kein Student inner Familie.« Nur mit der Schwiegermutter gab's Probleme: »Die hat mich beleidigt, also so ehrenkränkende Äußerungen ausgestoßen, und meine Ehre da – also ganz schön, dat bald gar nix mehr über blieb. Beleidigungen, Schimpfwörter: Alten Sausack, war se dran, nä, Bahnhofspenner, diese ganzen Ehrensachen.«

»Die Roswitha geht in der Schule und die Elvira geht mit ein Gastarbeiter. Politisch sind wir astrein – kein Student inner Familie.«

Als handwerklich begabter Ruhrgebietler wusste er sich zu helfen, doch das brachte ihn vor Gericht: »Das Brotmesser bedauere ich und möchte es ungeschehen machen.« Was geschah mit der Leiche? »Dann hab ich se im Keller getan, und da hab ich se gesäächt. Da hab ich se im Rhein-Herne-Kanal, da war se weg.« Aber er hat natürlich ein gutes Herz: In seinem Schlusswort beteuert er, »dass mir diese Untat sehr, sehr, wie gesagt, nä, und dass ich versuchen will durch ein schönes Leben, durch meiner Hände Arbeit die menschliche Gesellschaft wieder einzudringen, dat dat wieder alles am Klappen kommt.«

Der »Schwiegermuttermörder« hieß Adolf Tegtmeiers bekanntestes Stück, sein Schöpfer Jürgen von Manger (1923–1994). Aufgewachsen in Hagen, hatte der gelernte Schauspieler und Sänger seine ersten Engagements – abgesehen von einer Statistenrolle an der Ostfront – in Hagen, Bochum und Gelsenkirchen. Die 1961 entwickelte Figur des Alltagsphilosophen Tegtmeier brachte ihm den bundesweiten Durchbruch. Mit gesundem Menschenverstand und sparsamer Gestik verbreitete von Manger Sprache und Denke des Reviers in Hörfunk und Fernsehen, immer verbunden mit seiner Botschaft: »Mensch bleiben!«

Dutzende Kopien folgten dem Original. Für heutige Bühnenoriginale schreibt die Stadt Herne den Tegtmeier-Preis aus: Gerhard Polt, Tana → Schanzara und Hape Kerkeling gehören zu den Preisgekrönten. Im Revier gilt als einziger wahrer Nachfolger von Tegtmeier Herbert → Knebel.

Tetraeder

Der »kleine Mann« war wie immer empört. Eine alles überragende Stahlkonstruktion um ihrer selbst willen? Abwegig, lächerlich, Ausdruck von Größenwahn! Und teuer! Dann stellten die Einheimischen fest, dass man von oben weit ins Land gucken kann. Und dass Fremde dafür weite Reisen auf sich nehmen. Bald wurde der »Schandfleck« zum Wahrzeichen.

Doch genug vom Eiffelturm. Die → IBA ließ 1995 auf der Bottroper → Halde Beckstraße ebenfalls ein Stahlgerüst errichten, das zweckfrei war – ein Kunstwerk eben.

Hier wird Kunst gemacht! Aktion im Rahmen der »Extraschicht« am Tetraeder in Bottrop

Auch der Tetraeder stieß auf Widerstand. Nachdem der notorisch übellaunige kleine Mann sich jedoch den Schaum vom Mund abgewischt hatte, machte er seinen Frieden mit der dreiseitigen Pyramide. Ist immerhin aus Stahl und steht auf einer Halde der Zeche Prosper, ist also irgendwie schon von hier.

Heute gilt der Tetraeder als ein Wahrzeichen der Region. Wer den Gipfel der 60 Meter hohen Halde erreicht, steht windzerzaust vor einem grandiosen Ruhrgebietspanorama. Der auf Betonsäulen ruhende Tetraeder ist noch einmal 50 Meter höher. Auf die Großplastik des Architekturprofessors Wolfgang Christ setzte ein Lichtkünstler mit dem schwer bedeutungsvollen Namen Jürgen LIT Fischer farbige Lichtbahnen, die nachts den schwebenden Eindruck des tonnenschweren Tetraeders noch verstärken. Zusammen mit der von dunklem Schotter bedeckten kahlen Kuppe wirkt das »Haldenereignis« unwirklich und magisch.

Gegen alle anfänglichen Widerstände: Heute gilt der Tetraeder als ein Wahrzeichen der Region.

Nun ist es ein Kompliment für ein Kunstwerk, wenn die Bevölkerung es in Besitz nimmt. Jedoch ging ein Bottroper namens Fred dabei zu weit. Er trug in 6000-stündiger Arbeit Steine so zusammen, dass sie naive Bilder von Aliens formten. Vom Tetraeder aus war das unübersehbar und begeisterte viele. Nicht jedoch Christ. Der bestand darauf, die steinerne Ödnis sei Bestandteil des Kunstwerks Tetraeder und dürfe nicht verändert werden. Der Regionalverband Ruhrgebiet als Eigentümer der Halde, der Freds Tun lange geduldet hatte, musste die Aliens 2009 wegbaggern.

Ein Sturm der Entrüstung brach los: Die Aliens seien »echte, kreative Ruhrpottkunst« von unten, sowieso besser als der Tetraeder, und der feine Herr Professor sei humorlos. Und da war sie wieder, die üble Laune des kleinen Mannes.

Toto & Harry

Sie sind die coolsten Cops von Bochum. Sozusagen Starsky & Hutch im Revier. Anke Engelke und Harald Schmidt sitzen bei ihnen auf dem Rücksitz und sie bei ihnen auf dem Sofa. Sie haben ein Buch ghostwriten lassen. Vor laufender Kamera lassen sie sich auch auf einen → Currywurst-Test ein. Bei ihren Einsätzen ist ein TV-Team dabei. Und so kann die Nation seit 2002 wöchentlich einen Zusammenschnitt ihrer Einsätze im Fernsehen verfolgen: Polizeioberkommissar Torsten »Toto« Heim und Polizeikommissar Thomas »Harry« Weinkauf.

Sie nehmen uns mit zum Einbruch in den Sexshop, wo Toto beim Anblick der Dildo-Angebote der Atem stockt: »Wer konnte so etwas nur wollen?« Wir ekeln uns mit Harry vor verschmockten Wohnungen und bewundern den robusten Toto, dessen Magen unappetitlichsten Situationen trotzt. Gemeinsam bringen wir einen Obdachlosen zum 133. Mal in diesem Jahr in den Polizeigewahrsam. Und finden eine Herrenhandtasche, die es in sich hat: 91.000 Piepen in kleinen Scheinen.

Toto und Harry haben immer einen Spruch auf den Lippen, meistens einen mit »du«. »Ich kann Leuten auch Respekt entgegenbringen, wenn ich sie duze«, sagt Harry: »Du merkst im Laufe des Gesprächs im Ruhrgebiet, die Leute sind ziemlich locker, da kommst du teilweise besser an die 'ran.«

Das richtige Leben ist selten fernsehtauglich, Polizeialltag kann sterbensöde sein. Oder, anderes Extrem, zu aufregend. Auf dem Weihnachtsmarkt kamen Harrys Wiederbelebungsversuche zu spät, als ein Rentner an der Currywurst erstickte. Toto hatte »während einer Kneipenschlägerei mal ein Messer im Schulterblatt stecken. Es nimmt keiner mehr Rücksicht.«

Manche Kollegen sehen ihre TV-Auftritte mit Skepsis. Toto räumt ein: »Du hast 'ne Sonderstellung, bist bekannt durch die Medien und

Nicht nur das lehrt uns die Fernsehreihe. Toto erklärt: »Bulle? Das'n garstig Wort.« Und Harry? Harry holt schon mal den Wagen.

Toto (r.) und Harry (li.) – zwei unerschrockene Imageträger des Ruhrgebiets

trotzdem greifbar.« Toto: »Das Wichtige ist doch, dass die Leute keine Angst vor der Polizei haben. So soll das sein!«

Bei aller Coolness – in der Stadtbibliothek steht ihr Action-Buch unter der Rubrik »Staatsverwaltung/Behörden«.

Trinkhalle

Was in Süddeutschland eher als Kiosk bezeichnet wird, trägt in der Region Ruhr den etwas schmucklosen Titel »Bude«. Dahinter verbirgt sich aber weit mehr, als es das Wort erahnen lässt. Auch wenn die Montanindustrie im Revier auf dem Rückmarsch ist, so hat die Bude bisher allen widrigen Umständen getrotzt. Während das Zechensterben zum Alltag gehört, kann vom Budensterben nicht die Rede sein.

Die Geschichte der Buden ist eng mit der Industriegeschichte des Ruhrpotts verbunden. Die ersten Zechen und Fabriken waren kaum errichtet, da fand man vor ihren Toren auch schon die ersten Trinkhallen, in denen zunächst meist allerlei Getränk auf die Arbeiter wartete. Wer nun beim Wort »Halle« an wenigstens eine Art Saal denkt, hat noch nie einen solchen Verkaufsstand gesehen, handelt es sich dabei doch in der Regel um ein kleines Häuschen mit Verkaufsfenster nach außen.

Hier wechselte im Laufe der Generationen so manche Kostbarkeit ihren Besitzer. Kaufte der Großvater noch sein Schnäpschen und die »Eckstein« ohne Filter, der Vater die Zeitung vom Tage und zwei Bratheringe zum Direktverzehr, so freuen sich Tochter und Sohn nach wie vor über die Tüte mit gemischten Zuckerwaren oder Panini-Fußballbilder, um Gaumenschmaus und Sammelleidenschaft zu frönen.

Die Bude war und ist aber vor allem ein kommunikativer Treffpunkt, dessen Angebot mittlerweile fast alles umfasst, was man nach Ladenschluss noch brauchen könnte. Neben den traditionellen Getränken,

Tabakwaren, Zeitungen und Süßigkeiten sind dem Erfindungsreichtum der Budenbetreiber kaum Grenzen gesetzt – auch hinsichtlich der Größe ihres Reiches. So findet man nicht selten begehbare Trinkhallen, die beinahe Tante-Emma-Läden gleichen oder wie Eckkneipen in Miniaturformat anmuten, einschließlich Mittagstisch und Gesprächen bis in die späte Abendstunde.

»Ich geh ma eben anne Bude« gehört zum festen Sprachschatz des Ruhrgebietsmenschen. Vielleicht auch, weil es die neuesten Neuigkeiten gratis gibt. Man muss nur anschellen und ein Gespräch beginnen. Zum Beispiel in Essen-Rüttenscheid, wo man an der Annastraße in »Anne Bude« (www.annebu.de) bestens bedient wird – allerdings nicht von Anne, sondern von Elli.

Die Trinkhallen des Ruhrgebiets sind weit mehr als nur Versorgungsstationen: Hier findet das Leben statt.

Universitäten

Dies ist eine Ruhrgebietsstory. An ihrem Anfang steht ein Mann, der eine Idee hat – und einen Sturkopf. Er setzt die Idee durch und die Idee sich selbst ... Was wie eine Gründergeschichte aus dem 19. Jahrhundert klingt, spielt sich tatsächlich 1982 ab. In diesem Jahr gründet Konrad Schily, ein Bochumer wie sein Bruder Otto, die erste Privatuniversität Deutschlands. Freier als in staatlichen Einrichtungen soll der Lehrbetrieb sein, kleiner der Rahmen und persönlicher. Entgegen allen Prognosen klappt das auch noch: 2008 waren 1200 Studierende eingeschrieben, insbesondere die medizinische Fakultät hat einen guten Ruf. Und dennoch: Das Ruhrgebiet wäre nicht das Ruhrgebiet, gäbe es nicht Probleme. Die bestehen im Falle der Modelluni Witten-Herdecke in der ungesicherten Finanzierung. Daher ist – auch nach einem Vierteljahrhundert – der Lehrbetrieb immer mal wieder durch Geldnöte bedroht.

155.000 Studierende schwitzen in der dichtesten Hochschullandschaft Europas über den Büchern, sechsmal so viele wie Bergleute unter Tage.

Dass ausgerechnet das Ruhrgebiet Standort der ersten von bundesweit etlichen Privathochschulen wurde, überrascht. Zu Kaisers und Führers Zeiten waren keine Universitäten im Revier vorgesehen: Wozu sollte man den Arbeitern Bildung und damit Flausen in den Kopf setzen? Ingenieure und andere Akademiker holten die Unternehmen von außerhalb. Erst 1962 wurde hier eine erste Hochschule gegründet, die Ruhr-Uni in Bochum, hingegossen in Beton auf die grüne Wiese mitsamt Wohnstadt und Uni-Center.

Die Technische Uni Dortmund kam dazu, die Hochschulen in Essen und Duisburg, die Fernuni Hagen, ferner ein rundes Dutzend Fachhochschulen. 2009 gab die Landesregierung bekannt, drei neue Fachhochschulen in Kleve und Kamp-Lintfort, in Mülheim und Bottrop, in Hamm und Lippstadt errichten zu wollen. Rund 155.000 Studierende schwitzen in der dichtesten Hochschullandschaft Europas über den Büchern, fast sechsmal so viele wie Bergleute unter Tage. Rund um die Hochschulen sorgen Technologiezentren für moderne Jobs.

Die Hochschulen im Revier sind jung. Dennoch gibt es über die älteste von ihnen bereits eine Sage: In den Gebäuden der Ruhr-Uni soll ruhelos der Ewige Student umhergeistern, eingeschrieben seit der Hochschulgründung, aber niemals fertig werdend mit seiner Dissertation. Von der Einführung der Studiengebühren hat er wohl nichts mitbekommen.

Ruhr-Uni in Bochum – die erste Uni des Reviers

Villa Hügel

»Ich heiße Krupp, das genügt!« Mit diesen Worten soll der erste Bewohner der Hügel-Villa die Aufnahme in den Adelsstand abgelehnt haben. Ein Zeugnis vom Selbstbewusstsein Alfred → Krupps, das in Gestalt seines palastartigen Wohnhauses im Essener Süden quasi Stein geworden ist. Unverkennbar, hier hat ein Fürst des Industriezeitalters gesprochen. Einer, dessen Autorität sich weniger auf Titel und Abstammung gründet. Sondern auf seine einzigartige Wirtschaftsmacht. Nicht hochwohlgeboren, aber wohlhabend.

269 Zimmer zählt die Villa Hügel, mit der sich die Familie Krupp ein Denkmal gesetzt hat.

Sein »Schloss« allerdings musste sich der Stahlbaron schon selbst bauen. So wie es auch die anderen Ruhr-Dynastien Thyssen (Villen in Mülheim), Klöckner (Haus Hartenfels in Duisburg), Lohmann (Villen in Witten) oder Harkort (Haus Harkorten in Hagen) um die Jahrhundertwende taten. Der größte Wurf indes blieb dem »Alten« aus Essen vorbehalten: Nach einer langwierigen, von reichlich Gezänk begleiteten Planungs- und Bauphase (ein halbes Dutzend Architekten wurde verschlissen) konnte die klassizistische Sandsteinvilla 1873 endlich bezogen werden. Errichtet nach funktionalen Gesichtspunkten – Krupp war Techniker, kein Künstler –, diente der 269-Zimmer-Bau dem »Comfort der kleinen Häuslichkeit« und zunehmend auch Repräsentationszwecken: Vom siamesischen Kaiser bis zum Schah von Persien trugen sich reihenweise gekrönte Häupter ins Gästebuch ein.

Allein Wilhelm II. hat ein Dutzend Mal den Weg in das erste Haus Essens gefunden. Beim Anblick der Villa und ihres 28-Hektar-Parks soll dem letzten deutschen Kaiser gar ein »Unjlaublich!« entglitten sein. Ein Urteil, dem sich auch der Besucher unserer Tage gerne anschließen möchte. Die Landschaft mit ihren sanften Hügeln, der alte Baumbestand, der ab und an einen Blick auf den → Baldeneysee freigibt, und natürlich die Villa selbst, die sich zu einem renommierten Ausstellungsort gewandelt hat – das alles ist von fast unwirklicher Schönheit. Mehr braucht es nicht, das gängige Klischee vom grauen Kohlenpott auszuhebeln. Oder, um sich ein wenig vom Krupp'schen Selbstbewusstsein zu borgen: »Das genügt!«

Westfalenhalle

Hier gab's auffe Fresse. Und zwar von Max Schmeling persönlich. 1927 war das, Schmeling boxte sich zum Europameistertitel. Auch bei anderen Veranstaltungen flogen die Fäuste, aber nicht programmgemäß: etwa am Rande der Rede von KPD-Chef Ernst Thälmann in dem mit 23.000 Zuhörern überfüllten Bau.

Als eine der europaweit größten Veranstaltungshallen wurde die Westfalenhalle 1925 eröffnet. Der Bürgermeister wünschte: »Dies Haus soll im Land der schwersten Arbeit dem geisterfrischenden Sport ein würdiges Heim bieten.« So geschah es: Die Halle war Austragungsort zahlloser Leichtathletikwettkämpfe, Eissport- und Reitturniere; in den angeschlossenen Stallungen kamen bis zu 400 Pferde unter.

Seit 1926 bis heute war die Westfalenhalle rund 70-mal Schauplatz des Sechstagerennens. Der Radsport drohte schon früh zur Nebensache zu geraten. Im Vordergrund stand seinerzeit allerdings nicht Doping, sondern das Rahmenprogramm, das aus dem Sport- ein riesiges Volksfest machte.

Zu Kriegsbeginn richteten die Nazis in der Halle ein großes Kriegsgefangenenlager ein, zu Kriegsende lag sie in Trümmern, von Bomben zerstört.

1952 konnte Bundespräsident Theodor Heuss den Neubau einweihen. Ein Team junger Architekten hatte ein Gebäude konzipiert, das mit der alten Halle wenig gemein hatte. Der nunmehr runde Bau war aus Beton, die Zuschauerränge umgab eine Glaswand. Die gewaltige Hallenkuppel wurde freitragend konstruiert, also ohne im Blickfeld stehende Stützpfeiler. 100 Meter lang und 80 breit, bietet die Halle Platz für bis zu 20.000 Besucher. Auf ihrem Dach dreht sich das Dortmunder Wahrzeichen »U« und wirbt für die Union-Brauerei.

Rund um die denkmalgeschützte Westfalenhalle 1 entstand ein Veranstaltungs- und Messezentrum aus den Hallen 2 bis 8. Zum 1. Mai steigt hier jährlich der größte Indoor-Rave Deutschlands, die Mayday. Auch die Sportler sind der Halle treu geblieben. Die Westfalenhalle beherbergen Leichtathletik- wie Eissportzentren und sind Schauplatz von Tanz-, Skate-, Eiskunst- und anderen WMs. Und auf die Fresse gibt es immer noch – bei Kampfsportmeisterschaften.

Seit 1926 finden in der Dortmunder Westfalenhalle Sechstagerennen statt.

Wortmann, Sönke

Seit → »Die Abfahrer« liest man die Worte »Ruhrpott«, »Film« und »Kult« öfter in einem Satz. Bisweilen werden entsprechende Produktionen tatsächlich von Ruhrgebietlern verantwortet. In jüngerer Zeit war der Marler Sönke Wortmann nicht unschuldig daran. Bis er einer der erfolgreichsten Regisseure Deutschlands wurde, nahm er einige Umwege. Zuerst versuchte er sich im → Fußball, doch in der dritten Liga bei Westfalia Herne und der SpVgg Erkenschwick hielt es ihn nicht lange. Ein Soziologiestudium brach er ab, jobbte als Taxifahrer und Schauspieler, schloss 1989 eine Regie-Ausbildung ab. Gleich der erste Spielfilm unter seiner Regie wurde ein Kassenschlager: »Allein unter Frauen« (1991).

In »Kleine Haie« zeigt er Schauspielprüfungen an der Folkwang-Hochschule und besetzte eine markante Nebenrolle mit Armin Rohde – wie Wortmann ein Bergmannssohn. Die meisten von Wortmanns Filmen (darunter der Komödien-Hit »Der bewegte Mann« mit dem Herner Joachim Król, auch er ist ein Bergmannssohn) hatten keine heimatlichen Bezüge, aber »Das Wunder von Bern« erzählte 2003 die Geschichte des WM-Triumphs von 1954 natürlich vor grauer Revierkulisse mit einer Schauspielermannschaft, deren Mitglieder alle aktive Kicker sind. Mit dem Fußball der Jetztzeit beschäftigte er sich während der WM 2006: Er begleitete die deutsche Nationalmannschaft mit der Kamera, die Kinoeinnahmen der erfolgreichen Dokumentation spendete er.

Für Premieren wählt Wortmann gern Deutschlands größten Filmpalast aus, die Essener Lichtburg. Diese Institution wird auch von anderen Revier-Filmemachern in Ehren gehalten, darunter Helge → Schneider und Christoph Schlingensief. Das Ruhrgebiet ist nicht nur Kinolandschaft und Filmschauplatz, sondern auch Heimat bedeutender Filmfestivals, darunter der Oberhausener Kurzfilmtage (→ Oberhausener Manifest). Der in Marl verliehene → Adolf-Grimme-Preis gilt als bedeutendste deutsche TV-Auszeichnung. Eine besondere Ehrung, nämlich durch das Publikum, erfährt Peter Thorwarths großartige Prollstory »Bang Boom Bang«: In einem Bochumer Kino läuft sie seit 2000.

Sönke Wortmann ist ein Kind des Ruhrgebiets und mittlerweile einer der erfolgreichsten Regisseure des Landes.

Zocken

Hart verdientes Geld wird leichter ausgegeben als leicht verdientes, schrieb der Moralist Heinrich Böll mit Blick aufs Ruhrgebiet. Klar, dass hier eine Hochburg des Zockertums ist. Wer an seinen Verein glaubt, hat schon immer sein Geld darauf gesetzt, und das lange bevor → Borussia Dortmund an die Börse ging. Toto ist aber nur eine von vielen Möglichkeiten, dem Reviersport finanzielle Zuwendungen zukommen zu lassen.

Große Tradition haben Pferdewetten. Wer im Bergwerk mit → Pferden arbeitete, vertraute auch über Tage auf deren Leistungsfähigkeit. Arbeiter gingen sonntags zum Trabrennen, bessere Kreise zum Galopp. Doch der Pferdesport ist seit Jahren in der Krise, mehrere Bahnen gingen pleite. Bei den Galoppern in Dortmund, den Trabern in Dinslaken und Gelsenkirchen (wo auch eine Windhundrennbahn existiert) dreht es sich aber nach wie vor im Kreise.

Traditionell im Ruhrgebiet verankert: Windhundrennen

Parallel zur Mechanisierung der Arbeitswelt verlief die des Spiels. Das Revier dürfte heute eine der höchsten Spielhallendichten bundesweit haben. Die Spielbank Hohensyburg ist Deutschlands umsatzstärkstes Casino. Auch das 2007 eröffnete Casino Duisburg läuft gut, nicht zuletzt wegen des relativ lockeren Dresscodes. Am Roulette des kleinen Mannes – Lotto – lässt sich sogar bauchfrei teilhaben, und Fortuna lenkt immer mal wieder eine Lottomillion ins Revier.

Angesichts der hiesigen Kneipenanzahl erstaunt es nicht, dass auch Skat, Darts, Kicker, Billard hier zu Hause sind. Nicht immer geht es um Geld. Im Falle des Horster Ecks freilich handelt es sich sogar um die Meisterschaft: An dem Club aus Steele-Horst kommt keine Billardkugel vorbei. Das Schöne am Kneipensport ist, dass Siege und Niederlagen unverzüglich begossen werden können.

Casino Hohensyburg in Dortmund: kein Casino des Landes macht mehr Umsätze

Auch junge Zocker ballern sich gern einen, bevorzugt auf dem Monitor. Sie schließen ihre PCs zu Netzen zusammen und veranstalten riesige LAN-Partys. 1999 wurden dazu erstmals über 1000 Rechner vernetzt, und das fand in Duisburg statt. Das führende deutsche Webportal zum Thema wird von Ruhrgebietlern gemacht. Womit die Wandlungsfähigkeit der Region mal wieder bewiesen wäre.

Zollverein

Zeigt man einem nicht Ortskundigen ein Foto vom Förderturm der Zeche Pluto, dann sagt der: »Zollverein«. Das ist der gleiche Reflex, der jedes Papiertaschentuch zum »Tempo« macht, und hat seine Ursache darin, dass kaum noch ein anderer Förderturm gedruckt zu sehen ist als der vom Schacht XII.

Effektvoll illuminierte Rolltreppen vor dem Förderturm der Zeche Zollverein

Zollverein: Das ist DIE Zeche. 2001 erfolgte der Ritterschlag durch die Unesco. Die adelte Zollverein zum Weltkulturerbe als »repräsentatives Beispiel für die Entwicklung der Schwerindustrie in Europa«. Von außergewöhnlichem Wert sei die vom Bauhausstil beeinflusste, sachlich-funktionale Architektur des Komplexes. Zwar finden sich so einige Doppelbockfördertürme zwischen Lippe und Ruhr. Auch haben die Architekten Fritz Schupp und Martin Kremmer manch anderes im Ruhrgebiet entworfen und veredelt. Aber Zollverein blieb besonders. Jahrzehntelang diente sie dem modernen Industriebau als Vorlage. 1847 bis 1986 in Betrieb, gehört sie außerdem zu den am längsten aktiven Schachtanlagen des Ruhrgebiets. Als 1930 der neue Schacht XII in Betrieb ging, rückte sie auf zur größten und modernsten Zeche weltweit. 12.000 Tonnen Kohle wurden hier zu Hochzeiten aus der Erde geholt. Und das Tag für Tag.

Heute messen sich die Superlative in Besucherzahlen. Wo einst die Väter für die Dauer einer Schicht in den Schoß der Erde verschwanden, reicht man Sekt zur Vernissage. Wo Kohle gewaschen und sortiert wurde, gibt man niveau stattfindet. Und das Ganze wird überragt von einem Museum, in dem sich das Ruhrgebiet sein eigenes Denkmal setzt.

Die Kokerei, die noch bis 1993 Dreck und Schwefel spie, ist heute bei Modefotografen

Mozart und Brahms. Designer basteln an Kreativkonzepten, wo früher die Werkstatt war. Und wo der weniger repräsentative Förderturm den alten Schacht 1/2/8 überragt, da tanzen Kunststudenten. Eine neue Design-Schule heißt Design School, weil ja alles auf Welt- beliebt. Im Winter darf dort jedermann Schlittschuh laufen – im rötlichen Licht der angeleuchteten Koksbatterie. Die Entwicklungsgesellschaft Zollverein hofft auf rund eine Million Besucher. Pro Jahr. Darunter macht man's nicht auf Zollverein.

Wo einst täglich tausende Tonnen Kohle gefördert wurden, steht heute Kunst im Mittelpunkt.

Der Autor

Patrick Bierther (geb. 1966)
Wie es sich für einen Ruhrgebietler gehört, braucht die Aufzählung meiner Vorfahren ihre Zeit. Mein Urgroßvater arbeitete unter Tage. Mein Großvater durfte immerhin schon studieren. Meine Eltern gingen eine rheinisch-ostpreußisch-böhmisch-sächsische Verbindung ein. Allein schon wegen dieser Mischung musste in der Familie viel Hochdeutsch gesprochen werden. Das hat mir später im Beruf nicht geschadet.

Als ich geboren wurde, arbeitete das Revier bereits seit Jahren am Strukturwandel; Förderturmdenken verhinderte allzu spektakuläre Fortschritte. Ich habe mich bemüht, meinen Beitrag zu leisten und auf zwei Zechen (Nordstern, Zollverein) gearbeitet, aber nicht als Bergmann, sondern als Journalist, Presse- und Öffentlichkeitsarbeiter. Das Handwerk habe ich bei einer Ruhrgebietszeitung gelernt und in Büchern, in Zeitschriften und online beschrieben, wie es sich hier lebt und arbeitet, isst und trinkt, handelt und strukturwandelt. Wenn es sich nicht vermeiden ließ, habe ich die Reviergrenzen überschritten: zu Schul- und Studienzwecken unter anderem gen Berlin, Marburg, Italien und Israel. Vielleicht weiß ich deshalb das Revier besonders zu schätzen.

Im Ruhrgebiet arbeiten wir im Team. Dieses Buch wäre nicht entstanden ohne die Mitarbeit der Autorenkollegen Arne Dessaul, Carsten Dilly, Michael Dilly, Thomas Machoczek und Stefan Moutty – wie Sie an den Nachnamen erkennen, allesamt genuine Ruhrgebietler. Es wäre auch nicht möglich gewesen ohne die drei Generationen zugewanderter Revierfrauen, die mich aufgezogen haben. Danke.

Bildnachweis

Bierther, Patrick: S. 158

bigstockphoto.com: U1 unten 3. v. re.: Zoediak, 18: Hannes, 20: Zoediak, 33: pmphoto, 54: Gualberto107, 78: tmcnem, 84: Global Photographers, 112: uweo

DPA – Picture-alliance: U1 unten li., 9, 11, 13, 27, 29, 31, 35, 41, 45, 49, 51, 53, 59, 61, 62, 75, 77, 81, 83, 85, 89, 95, 97, 99, 101, 102, 103, 105, 107, 108, 118, 121, 125, 127, 129, 135, 137, 139, 143, 151, 153

fotolia.de: S. 113: flying cam

Gasometer Oberhausen/Walden: S. 43

istockphoto.com: U1 oben, U1 unten 2. v. re., 38, 44, 70, 72, 73, 76, 90, 100, 128, 132, 144 r., 144 li., 150, 154, U4 oben u. unten

Kampert, Lutz: U1 unten 2. v. li., 14, 16, 19, 25, 39, 87, 140, 155

Linke, Manfred: S. 55, 64

Müller, Gerhard P.: S. 21

Museum Folkwang/Stadt Essen/Jens Nober: S. 37

pixelio.de: U1 unten 3. v. li.: Betty, 23: richard, S. 80: mattmax, 110: Ernst Rose, 111: Thomas Max Müller, 119: Lars Paege, 142: Michael Bührke, 147: Bardewyk

Schily, Wolf: S. 66, 67

Schumacher, Joachim: S. 15, 17, 34, 47, 56, 57, 65, 69, 71, 79, 91, 93, 109, 115, 117, 123, 130, 131, 133, 141, 148, 156, 157

Stadt Bottrop: S. 63

Thomitzek, Thomas: S. 145

Volz, Wolfgang: S. 42

Wengelinski, Stephan: U1 unten 1. v. re.